AF569988

Léonie, enfant de la Belle Époque

Laurence Tonnel

Léonie, enfant de la Belle Époque

Roman

LE LYS BLEU
ÉDITIONS

ISBN : 979-10-422-2115-7

À la mémoire d'Apolline, d'Eugénie et de Léonie

Pour Simonne, à l'origine de ce livre

Belle Époque : 1890-1914,

À la charnière des deux siècles, la France se trouve un projet politique incarné par la Troisième République tandis que la recherche du sensationnel tente de faire oublier la misère quotidienne.

Il y a un intérêt de premier ordre, national aussi bien que républicain, à élever la condition des paysans. Il faut les mettre dans de telles conditions d'indépendance qu'ils deviennent le fondement inébranlable d'un régime de liberté (...).

Jaures

Vous voulez les misérables secourus, moi je veux la misère supprimée.

Victor Hugo

Je sais trop que, dans le monde, la nature elle-même introduit des causes irréductibles de souffrance. Nous ne supprimerons pas la maladie, la mort des enfants, l'amour malheureux, mais, à côté de ces misères naturelles, il en est d'autres qui sont le produit d'un mauvais état social et qui peuvent disparaître avec lui.

Léon Blum

Prologue

Ce livre, je l'ai dans la tête depuis des années. Une obsession, un devoir, une hantise.

Je voulais savoir qui était vraiment cette femme, ma grand-mère, née à la Belle Époque.

Tous les documents insérés dans le livre, les photos et ceux provenant des Archives du Nord sont authentiques.

Mais ce livre reste un roman avec ses personnages réels et d'autres, fictifs.

J'étais heureuse de pouvoir faire le lien avec la Bretagne, là où je réside actuellement, car j'avais à cœur de montrer certaines similitudes dans les conditions de vie de ce début de siècle, et parfois au contraire des particularités liées à la richesse du territoire et à son histoire.

Comme dans le livre, mon cœur est toujours partagé entre ces deux régions, les Flandres où j'ai mes racines, et la Bretagne où nous vivons et dont nous découvrons l'immense richesse culturelle chaque jour.

Je dédie ainsi ce livre à tous ceux qui, comme moi, ont eu besoin, à un moment de leur vie, de comprendre le passé pour éclairer leur présent.

Chapitre I

— Tu es méchante. Comme ta grand-mère.

J'avais six ans quand ma mère m'a asséné cette phrase pour la première fois. Ce ne sera pas la dernière. Elle devait avoir raison après tout. Enfant, j'étais maladroite, menteuse, tricheuse, voleuse et en plus je n'étais pas jolie. Un strabisme à l'œil gauche, un corps peu harmonieux, un esprit constamment rebelle, je comprends qu'il était dur pour elle de m'aimer. D'ailleurs, c'était réciproque. À lui, je disais papa, à elle… je ne disais rien. C'était Elle.

Elle n'était pas mauvaise mère, ne me frappait pas plus que les autres parents de cette génération, du moins je le pensais, mais elle était quelconque. C'est ce que je lui reprochais le plus, sa médiocrité. À part s'occuper de la maison, elle ne faisait rien, n'avait de goût pour rien. Elle n'avait aucune activité, aucun talent, aucune passion, aucune aptitude particulière.

Elle existait uniquement dans sa fonction de génitrice et de femme au foyer. Elle ne lisait pas, n'avait pas d'ami(e), pas de centre d'intérêt. Sa seule fonction était d'exister. Mais dans quel but ? Faire des enfants, s'occuper de son mari, faire les courses, la vaisselle, le ménage et entretenir son petit potager pour réaliser avec fierté des « plats maison ».

Elle ne voulait pas de moi et me l'avait souvent répété. Mais la pilule n'existait pas et son mari voulait un deuxième enfant. Alors elle s'est laissé faire. Elle n'a pas fait l'amour, non, elle a juste accepté de faire « son devoir conjugal ». Il avait réussi à la convaincre au bout de cinq ans, qu'un deuxième enfant serait bien pour elle, qu'elle s'ennuierait moins toute seule à la maison dans son pavillon de banlieue. Il lui avait même fait miroiter qu'elle pourrait garder pour elle les allocations familiales versées pour un second enfant.

Elle qui n'avait rien, cela lui permettrait de s'acheter quelque chose à la Coop du village, où elle se rendait deux fois par semaine sur son vélo. Peut-être une petite crème de jour pour le visage ou un crayon brun pour ses sourcils, des frivolités qu'elle n'avait pas le droit d'acheter en temps ordinaire. Il lui donnait l'argent nécessaire pour les achats de la semaine, puis vérifiait le ticket de caisse. À côté de chaque montant, elle devait écrire à quoi la somme correspondait. Et toutes les semaines, il épluchait les comptes.

***

Je le revois assis à la table de la salle à manger, à cocher les sommes qu'il estimait exactes et à entourer de rouge celles pour lesquelles il avait un doute. Puis il sortait sa calculette et additionnait les montants. Le tout devait correspondre au centime près à la somme qu'il lui avait allouée.

Alors Elle avait dit oui. Elle avait même eu le droit de choisir le prénom. Il s'appellerait Henri. Mais quand il est venu au monde, c'était une fille, alors elle l'a appelée Henriette.

Je déteste ce prénom.

***

Ma grand-mère, la mère de papa, s'appelait Léonie. C'est plutôt joli, et ça rime avec des mots sympas comme harmonie et symphonie, mais il y a aussi tyrannie, ignominie, calomnie et schizophrénie, ceux-là sont quelque peu prémonitoires.

Il y a deux jours, on a enterré papa.

Elle, ça fait dix ans qu'elle est morte.

Léonie, ça fait bien plus longtemps qu'elle est partie. Elle a fini ses jours à l'hôpital psychiatrique. Et d'après Elle, c'est là que je finirai également. Papa n'a pas voulu payer pour l'enterrement de sa mère, alors elle est dans le quartier des indigents, au cimetière d'Armentières. Une croix en bois indique son nom ainsi que les deux dates qui enferment toute une vie :

1903-1981.

Et le hasard, si on y croit, fait qu'il repose avec sa femme à moins de cinq mètres de sa génitrice, dans une vraie tombe, avec une belle dalle en marbre rose, couverte de fleurs. Seule une rangée de buis les sépare.

À part nous, la grand-mère n'avait plus de famille. Papa m'avait raconté que Léonie venait de l'assistance publique, où les sœurs l'avaient placée, quand sa mère est morte en couches. C'est tout ce que je savais d'elle à part les histoires que m'a racontées mon père sur sa propre enfance, et les visites de la grand-mère à la maison, qui se terminaient toujours en drame.

Maintenant, il fallait vider la maison des parents. Ce pavillon de banlieue que j'ai détesté pendant vingt ans, avant de m'enfuir loin. Très loin. Ronan a pris une mesure radicale, il a fait venir une benne et une fois le brocanteur passé pour récupérer les meubles, il a jeté systématiquement par la fenêtre ce qu'il estimait n'avoir aucune valeur, sentimentale ou autre. Quand il avait un doute, il me regardait. Nous fîmes trois tas. Ce qui allait dans la benne, ce qui irait peut-être mais pas tout de suite parce que je n'étais pas prête, et ce que je gardais. Les objets ne m'intéressaient pas. Ils étaient liés à des souvenirs qui n'étaient pas les miens, des voyages auxquels je n'avais pas participé, des cadeaux qui ne m'avaient pas été destinés. Quant à ceux que je leur avais faits, ils étaient tous au même endroit, remisés dans un coin de la cave. Non, ce qui m'attirait, c'étaient ces mallettes fermées à clé, rangées sous son lit (il y avait longtemps qu'ils ne dormaient plus dans la même chambre), dont je connaissais l'existence car depuis toujours je le voyais s'enfermer dans sa chambre pour noircir des pages et des pages dans des petits carnets noirs.

Il aimait la poésie, savait manier la plume avec grâce et intelligence, et j'espérais que ces pages contenaient des trésors de beauté littéraire auxquels je pourrais me raccrocher, dont je pourrais me délecter et dont je serais fière. J'extirpais ainsi les trois mallettes, toutes identiques, métallisées et sécurisées par deux cadenas chacune. Dans la première, je trouvais effectivement lesdits carnets noirs. Beaucoup plus nombreux que je ne pensais, tous identiques, ainsi que des photos de femmes que je ne connaissais pas. Je parcourais en vitesse les premières pages de quelques-uns de ces petits calepins. Mais leurs postures ne laissaient aucun doute sur les relations qu'elles entretenaient avec mon père. Ma mère et moi étions au courant de ses frasques, mais je ne connaissais pas l'existence de ces clichés.

D'après les dates et les premières phrases que je commençais à lire dans les carnets, il s'agissait davantage de faits le concernant que de poésie. J'en compris tout de suite la teneur. Il avait écrit ses mémoires !

Sans savoir pourquoi, j'étais déçue. Je rangeais le tout, refermais la petite valise et la posais sur le tas « à emporter ». Dans la deuxième, un cahier recouvert d'une écriture presque enfantine. C'était un cahier d'écolier tel qu'il en existait autrefois. Les pages étaient jaunies et l'ensemble tenait à peine. Je l'ouvris avec d'infinies précautions. Je sus aussitôt que je tenais entre mes mains un trésor.

Sur la première page, une enfant avait écrit à la plume et en belles lettres liées ses nom et prénom : Léonie Houart. Je n'osais plus bouger comme si le moindre mouvement de ma part aurait pu endommager le précieux ouvrage que je tenais dans mes mains. J'en compris aussitôt la portée symbolique. Les battements de mon cœur s'étaient accélérés dès la lecture du nom de ma grand-mère. Mes mains tremblaient malgré moi, mon corps s'était statufié et mes yeux fixaient ces deux noms sans que mon regard osât se porter plus loin sur la page de peur qu'ils disparaissent.

— C'est quoi ?

Ronan était penché sur mon épaule. Inquiet de ne plus entendre de bruit, il s'était rapproché pour voir ce qui justifiait mon silence.

Instinctivement, je refermais le précieux cahier et le reposais dans la mallette.

— Rien de spécial. Je verrai ça après.

Je n'étais pas prête à partager ma découverte. C'était mon histoire et j'avais besoin de me l'approprier à ma façon, quand et comment ? je le déciderai.

Ronan n'insista pas. Il reprit la tâche ingrate du tri des meubles et objets divers dépareillés, cassés et inutilisables.

Je n'étais pas revenue dans cette maison depuis longtemps. Dans mon souvenir, rien n'avait changé. Et pourtant en y regardant de près, le parquet était taché, la tapisserie sur les murs se décollait et les meubles avaient tous subi les dommages que le temps leur avait infligés. L'électricité n'était plus aux normes, le chauffe-eau au gaz dans la salle de bain était maintenant interdit, et les chambres me paraissaient minuscules. Construit dans les années soixante, plus rien n'était au goût du jour dans ce pavillon pour lequel mes parents s'étaient endettés et y avaient consacré vingt-cinq ans de leur vie, se sacrifiant pour payer les traites tous les dix du mois. C'était une victoire énorme pour eux que d'être propriétaire de leur bien. Une revanche sur leur jeunesse d'enfant de la guerre.

Encore sous le coup de l'émotion que m'avait procuré la découverte du cahier de Léonie, je poursuivais l'inventaire des mallettes. Une enveloppe kraft contenait quelques photos, certaines avec des dates et des noms au verso. Je la remis à sa place quand je vis qu'elle recouvrait un deuxième cahier. En meilleur état, il était plus récent. Pas de nom sur la première page, mais les suivantes étaient recouvertes d'une écriture manuscrite, très différente de celle du premier et pourtant curieusement similaire. Parfois illisible, souvent sans aucun respect des lignes imprimées, elle courait d'un bord à l'autre de la page, de gauche à droite, marge comprise, avec de temps à autre des ratures si énergiques qu'elles avaient transpercé le papier. Ce n'était plus une plume mais différents stylos à bille qui avaient été utilisés.

S'agissait-il de la même personne à des années d'intervalle ? Mon instinct me disait que oui mais je ne pouvais l'affirmer. Je décidais de remettre l'objet à sa place, avec une certaine brusquerie, comme s'il me brûlait les doigts. Autant le premier cahier m'avait émue, autant celui-ci me faisait peur. J'étais incapable d'analyser ces sentiments qui me submergeaient subitement et je n'étais pas prête à leur faire face. Je sentais au plus profond de moi que ces cahiers allaient provoquer en moi un tsunami d'émotions qu'il me faudrait affronter tôt ou tard.

Mais ce n'était ni le lieu ni le moment. J'avais besoin d'un espace sécurisé affectivement, dans lequel je me sentais bien, et la maison de mes parents était loin de me procurer l'apaisement nécessaire.

Une deuxième enveloppe m'attendait à côté de la première. Autant j'avais eu hâte d'ouvrir les mallettes pour en découvrir le contenu, autant je devenais réticente à l'idée de continuer l'exploration de cette aventure mémorielle à laquelle je n'étais pas préparée.

L'enveloppe n'était pas scellée et je fis doucement glisser le contenu sur le tapis sur lequel j'étais installée. Vint se poser à mes pieds un petit paquet dans un tissu usagé. Je le dépliais doucement. Retenues par une ficelle, nouée probablement il y a fort longtemps, des dizaines de lettres, toutes dans leur enveloppe mais décachetées, apparurent. Elles avaient, semblait-il, été lues il y a des décennies avant de se retrouver ainsi emmaillotées dans du lin, un paquet cadeau à l'attention d'un ou d'une future lectrice.

À nouveau, j'étais tétanisée.

De peur que mon mari ne vienne troubler cet instant, je remis prestement les lettres dans la mallette, la referma et la posa sur la première, rejoignant ainsi le tas des objets « à emporter ».

Il me restait une dernière valisette à ouvrir. J'hésitais longuement. J'appréhendais le contenu sans m'expliquer d'où me venait cette hantise. Puis pour la troisième fois, je brisais les deux cadenas avec la pince trouvée sur l'établi de mon père et ouvris le couvercle rapidement de peur de changer d'avis. À mon grand soulagement, elle ne contenait qu'un classeur, du genre qu'on trouve dans le commerce à la rentrée des classes. C'était donc mon père qui l'avait acheté. Il contenait des tableaux et des documents d'archives. Ce devait être le résultat de ces investigations généalogiques dont il m'avait parlé.

Je savais qu'il avait passé beaucoup de temps à rechercher ses ancêtres du côté de son père et qu'il était remonté jusqu'au XVIIe siècle avec l'aide de cousins qui partageaient la même passion. N'ayant pas d'ordinateur et ne sachant pas à son âge utiliser internet, toutes ses recherches s'étaient effectuées par courrier et je constatais en feuilletant rapidement le classeur, la présence de nombreuses enveloppes portant le cachet de la mairie de Lille et celui d'autres villes environnantes. Sa mère ayant été abandonnée à sa naissance, il n'avait, disait-il, retrouvé aucune trace du côté maternel.

Il avait été très déçu à l'époque lorsque je lui avais signifié par téléphone combien cette quête ne m'intéressait pas. J'avais tiré un trait sur le passé, m'étais éloignée de la famille physiquement et moralement, et nos contacts étaient extrêmement sporadiques. Un appel de temps en temps, une visite annuelle de ma part et j'estimais avoir rempli mon devoir filial.

Nous habitions à Rennes et mes parents n'avaient jamais jugé intéressant de parcourir les six cents kilomètres qui les séparaient de leur fille et de leur petit-fils. Puisque j'avais décidé d'épouser un Breton, à moi d'en assumer les conséquences, me disaient-ils.

Ronan et moi avions hâte de terminer le tri des objets de la maison pour la mettre en vente le plus rapidement possible. La savoir en d'autres mains me permettrait de tirer un trait définitivement sur une période de ma vie qui ne m'avait laissé que peu de bons souvenirs. Je pressentais pourtant que la découverte des documents contenus dans les mallettes allait m'obliger à faire face à de possibles révélations sur ma famille. Mais surtout, j'espérais qu'elles me permettraient de comprendre pourquoi ma mère persistait à me comparer à cette femme dont j'avais hérité la chevelure rousse et rebelle, la petite taille, et, paraît-il, le caractère indiscipliné, révolté, parfois peste, et, d'après elle, souvent méchant.

Explorer cette facette de ma personnalité que je ne pouvais entièrement nier m'aiderait-il à ne point moi aussi sombrer dans la folie ? Ou mon destin était-il inscrit dans le marbre, de finir comme elle à l'hôpital psychiatrique, ou comme mon père de mourir de sénilité, ne reconnaissant plus ses proches, n'ayant à leur encontre que des propos haineux et hostiles ?

Il me fallait me plonger dans un passé douloureux pour comprendre de quoi mon avenir pourrait être fait et s'il était possible d'en dévier la trajectoire inéluctable. Léonie avait-elle été méchante dans sa jeunesse et à quoi pouvait-on attribuer cette folie qui l'avait conduite à sa fin ?

J'avais hâte d'en découvrir l'origine, de saisir l'évolution de son état mental, d'appréhender ces aspects de sa personnalité auxquels j'avais été confronté durant mon enfance. De quel mal souffrait vraiment Léonie ? Il était temps de découvrir la vérité.

Chapitre II

Léonie, mon ange, mon amour

Je reposais aussitôt le fragile papier que je tenais dans une main.

J'avais décidé la veille de commencer par le paquet de lettres ficelé et protégé par le tissu en lin. Je mis les carnets noirs contenant les mémoires de papa de côté, rien ne pressait.

La troisième mallette qui contenait l'arbre généalogique du côté paternel m'intéressait moins et ainsi j'avais trié la correspondance de la valisette intermédiaire par ordre chronologique sans me pencher sur leur contenu, et gardé les deux cahiers et les photos à portée de main.

La première lettre, dont j'avais entrepris la lecture, était la seule sans nom d'expéditeur ou cachet de la poste. Seul figurait le prénom de Léonie sur l'enveloppe.

J'attendais que Ronan parte à l'université assurer ses cours pour disposer de temps et de tranquillité d'esprit face à la tâche qui m'attendait. Confortablement assise derrière mon bureau, un meuble ancien style Louis Philippe récupéré dans une brocante, ma tasse de thé à la main, j'avais déplié la première lettre, celle qui portait la date la plus ancienne : 28 janvier 1903. Je retournais la feuille et vis avec surprise qu'elle était signée :

Eugénie Houart,
Ta Maman

Je posais ma tasse de thé encore fumant sur le petit carré de liège aux motifs animaliers prévu pour ne pas abîmer le bois, et fixait la signature d'un regard incrédule.

C'était impossible.

Les paroles de papa résonnaient encore à mes oreilles : *la mère de Léonie est morte en couches. À cette époque-là, ça arrivait souvent, tu sais. On ne sait même pas comment elle s'appelait.*

Quelque chose ne tournait pas rond. Les morts n'écrivent pas de lettre. Comment pouvait-il ne pas être au courant ? N'avait-il pas lu ce courrier ? Étais-je la première à avoir dénoué précautionneusement le lien qui entourait les missives ? Et si oui, pourquoi ?

Je décidais de reprendre ma lecture.

Je t'écris cette lettre mon enfant pour que tu comprens pourquoi nous ne sommes pas ensemble toi et moi. Le directeur m'a dit qu'il te la donnera quand tu sera assez grande pour la lire. Et même si tout va bien, tu n'aura pas besoin car je te promets de venir te chercher dès que je pourrai.

En attendant il m'a dit que tu sera chez une bonne nourrice. Je t'ai donné le sein pendant les dix jours que tu étais avec moi et le docteur de l'hospice a dit que tu étais en bonne santé.

Il faut que tu me crois quand je te dis que si j'avais pu te garder je l'aurai fait. Mais je ne peu pas. Ma patrone m'a renvoyé quand elle a vu mon ventre rond. Maintenant je n'ai plu rien et je dois chercher du travail. Mais je penserai a toi tous les jour. Tu es si jolie dans ton panier, je suis sur que tu ne posera aucun problème.

Sois sage ma fille.

Eugénie Houart
Ta maman

Je reposais doucement le précieux courrier sur le sous-main en cuir marron posé sur le bureau. Un cadeau de Ronan lors de l'achat du meuble pour que je puisse écrire sans abîmer le bois.

Je bus quelques gorgées du Darjeeling dans la jolie tasse assortie au sous-verre. Mon esprit était anesthésié par ce que je venais de lire. Il avalait très doucement les informations contenues dans l'écrit resté sous mes yeux, au fur et à mesure que le liquide chaud du breuvage pénétrait dans ma bouche.

Mon cerveau petit à petit assimilait les données et les intégrait.

Je décidais de relire le texte pour être sûre de ce que je venais d'apprendre et des implications que ces révélations entraînaient.

Mais il n'y avait à présent aucun doute. Mon arrière-grand-mère, dont je venais d'appendre le prénom, avait sciemment abandonné son enfant âgée de quelques semaines car elle ne pouvait subvenir à ses besoins.

Une multitude de questions germaient dans mon esprit.

Mais celles qui revenaient le plus souvent étaient, *Papa avait-il menti ?*

Pourquoi ?

Connaissait-il l'existence d'Eugénie ?

D'où venait ce courrier ?

Comment lui avait-il été transmis ?

Davantage que l'abandon, ce qui me perturbait était la raison pour laquelle mon père, s'il avait découvert ses origines maternelles, avait décidé de les ignorer.

Je me levais et fis les cent pas dans la maison. Je ressentis le besoin de faire quelque chose, n'importe quoi, qui me permettrait de me déconnecter et de me débarrasser de ce sentiment d'oppression qui m'étouffait. Je ressentais un poids sur ma poitrine qui me coupait le souffle. J'avais du mal à respirer.

Je me dirigeais vers la cuisine, ouvris la porte du frigo et décidais de composer le menu de ce soir. Me concentrer sur quelque chose de trivial, voilà ce qu'il me fallait à cet instant. J'avais un reste de filets de poisson d'hier, je demanderai à Ronan de faire sa fameuse mayonnaise aux herbes et à l'huile d'olive, et j'ajouterai une salade de tomates. Avec un bout de fromage et un yaourt pour dessert, ce sera parfait. Je vérifiais qu'il me restait du pain et du beurre salé et je mettais une bouteille de blanc au frais. Cet enchaînement de gestes mécaniques me permit de lâcher la pression.

Soudain, mon regard fut attiré par un mouvement à l'extérieur de la maison. Le linge sur le fil se balançait au gré du vent. Voilà ce que je devais faire. Ramasser le linge et le rentrer avant qu'il ne pleuve. Je pris le panier en osier, sortis dans le jardin et pliais consciencieusement les draps et serviettes.

Puis je m'écroulais, plutôt que m'asseyais sur la chaise pliante restée sur la terrasse. Des larmes inondèrent mes joues peu à peu. Impossible de les retenir. Je ne savais même pas pourquoi je pleurais. Peut-être parce que mes recherches sur l'histoire de ma grand-mère commençaient probablement par un mensonge. J'en étais persuadée. Je le sentais. Peut-être l'avais-je toujours su. Ce que je ne comprenais pas, c'est qu'elle en était la raison. Et pourquoi cela m'affectait autant ?

Un coup d'œil machinal à ma montre me rappela à la réalité. Ronan n'allait pas tarder à rentrer. Je ne voulais pas qu'il me voie dans cet état. Je respirais profondément, lentement, comme je l'avais appris durant les séances hebdomadaires de yoga et chassais de mon esprit les révélations de cet après-midi pour me concentrer sur le rituel de la préparation du repas et l'accueil de mon mari.

J'avais eu la chance d'épouser quelqu'un de gai, toujours de bonne humeur, qui aimait son travail et s'y épanouissait. L'enseignement de l'histoire à la faculté de Rennes lui convenait parfaitement. Il aimait le contact avec les étudiants, et sa réputation d'excellent pédagogue le suivait depuis des années. Certains amis de notre fils qui avaient suivi ses cours m'avaient relaté combien il rendait l'histoire du moyen âge captivante. C'était sa passion et il était heureux d'en avoir fait une partie de sa vie.

Quand il rentrait de son travail, il accomplissait toujours les mêmes gestes. Embrasser sa femme, déposer sa vieille sacoche en cuir noir usée par le temps sur la chaise de son bureau et ouvrir son courrier confortablement installé dans son fauteuil préféré au salon. Je savais qu'après avoir subi le bruit inévitable généré par une horde de jeunes adultes dans les couloirs de l'université, il avait besoin de calme et d'un sas de décompression en rentrant chez lui. Au bout d'un moment, il venait m'embrasser dans la cuisine et me demandait :

— Ça s'est bien passé ta journée ?

Nous échangions alors sur nos différentes activités du jour, parfois un verre à la main, commodément installés l'un en face de l'autre, à l'intérieur ou sur la terrasse quand le temps le permettait.

Mais ce soir, malgré tous mes efforts, Ronan ne put s'empêcher de lire sur mon visage les signes d'un trouble que je n'étais pas arrivé à dissimuler. Debout dans la cuisine, je lui tournais le dos en préparant une petite assiette de choses à grignoter mais il n'était pas dupe.

— Qu'est-ce qui se passe ? me demanda-t-il aussitôt.

— J'ai commencé mes recherches sur ma grand-mère. Je me suis dit qu'il fallait que je respecte l'ordre chronologique et j'ai donc lu la première lettre, celle datée de 1903.

— Et ?

— C'est sa mère qui l'a écrite.

— Comment est-ce possible ?

— C'est bien ça le problème. Tout commence par un mensonge.

— Mince ! Et qu'est-ce qu'elle dit ?

— En fait, la lettre est adressée à sa fille. Elle lui explique pourquoi elle l'abandonne et lui promet de venir la rechercher quand elle le pourra.

Ronan resta bouche bée un moment puis m'entraîna gentiment vers le salon et me fit asseoir sur le canapé à côté de lui. Au bout d'un moment, il me demanda :

— Elle s'appelait comment ?

— Eugénie. C'est joli, non ? J'aime bien ce prénom, c'est doux à l'oreille.

Je me levais et allais chercher le précieux courrier, que j'avais protégé dans une pochette en plastique pour ne pas l'abîmer. Je le tendis à Ronan sans un mot. Il parcourut la courte missive, écrite recto verso sur un petit papier très léger, presque transparent. Ce n'était probablement pas du papier à lettres, mais simplement une petite feuille qu'elle avait trouvée ou demandée à quelqu'un. L'écriture était soignée mais les fautes dans le texte montraient qu'elle n'était pas allée longtemps à l'école. Il était déjà remarquable qu'elle sache écrire pour une femme de sa condition. Je vis que mon époux était ému également par le contenu de la lettre. Il y eut un silence qu'il était difficile de rompre. Mais Ronan s'en chargea.

— Tu sais ce qui serait intéressant ? C'est de retrouver son acte de naissance. Ça te donnerait probablement davantage d'informations.

— C'est une bonne idée. Tu sais comment on fait ?

— Non mais je n'ai pas cours demain. On peut voir ça ensemble si tu veux ?

J'acquiesçais aussitôt.

— En attendant, je te propose qu'on boive un verre en dégustant ce que tu nous as préparé et qu'on parle d'autre chose.

Nous finîmes la soirée en échangeant des propos légers. Ronan savait comment me distraire et me faire sourire en racontant des pépites trouvées dans les copies des étudiants qu'il avait corrigées ce matin, enfermé dans son minuscule bureau à l'université. Je lui étais reconnaissante de son soutien.

J'avais prévu de mener cette aventure seule mais je me rendais compte à présent que le fardeau serait trop lourd à porter.

***

— Ça y est, je l'ai !

Ronan me montra fièrement le document qu'il venait de trouver sur l'ordinateur. L'acte de naissance de Léonie ! Cela faisait plusieurs heures que nous cherchions sur le site des Archives du Nord. Mais sans la date exacte, il fallait déchiffrer les pages à l'écran une par une.

L'an mil neuf cent trois, le dix-sept janvier à dix heures du matin par devant nous Henri Samson Adjoint au maire de Lille, faisant par délégation les fonctions d'officier de l'État civil, A comparu Victoria Chevalier sage-femme âgée de vingt-trois ans, domiciliée à Lille, laquelle ayant assisté à l'accouchement nous a déclaré que le dix-sept janvier à deux heures et demie du matin la nommée Eugénie Houart, servante âgée de trente-deux ans, née à Fresnes domiciliée à Lille rue Léon Gambetta 264 a accouché au dit domicile d'un enfant de sexe féminin qu'elle nous présente auquel il a été donné le prénom de Léonie en présence de Victor Astier âgé de soixante et un ans et de Emile Vanzuppe âgé de cinquante et un ans journaliers domiciliés à Lille, lesquels et la déclarante ont signé avec nous le présent acte après lecture.

L'acte était bien signé par les trois personnes présentes, ce qui confirmait qu'Eugénie savait écrire. Sur d'autres actes de cette époque, seule figurait une croix qui tenait lieu de paraphe.

Dans la marge de gauche étaient spécifiés ses date et lieu de décès, le 21 septembre 1981, à Armentières.

Mais un autre paragraphe nous interpella. Écrit dans la marge de gauche, sur un tout petit carré de quelques centimètres, était mentionné ceci :

Reconnue par sa mère Eugénie
Houart, née à Fresnes
suivant acte passé en la Mairie
de Lille le vingt-sept janvier
mil neuf cent trois.

La signature de l'officier d'état civil suivait cette déclaration.

Eugénie avait donc pris la peine de reconnaître officiellement sa fille.

Dans quel but ? Était-ce pour avoir ensuite le droit de la rechercher comme elle en avait l'intention ? Ou avait-elle espoir à ce moment-là de la garder avec elle ?

Si la date de l'acte de reconnaissance coïncidait avec la date de la lettre, peut-être n'avait-elle pas encore pris sa décision.

L'acte était riche en renseignements. Nous avions dorénavant l'âge d'Eugénie, à défaut de sa date de naissance complète, son adresse à Lille, sa commune d'origine et sa profession. S'il manquait encore de nombreuses pièces pour reconstituer le puzzle, au moins nous avancions.

— Tout va bien ?

Ronan voyait bien que j'étais bouleversée.

— Oui, ça va. Je ne sais pas ce qui me touche le plus. Une maman obligée d'abandonner sa fille ou une enfant dont le destin est bouleversé. Les deux probablement. Être confié à un orphelinat à cette époque devait être synonyme d'un départ compliqué dans la vie. J'aimerais en savoir davantage sur les conditions de ces enfants reconnus mais placés.

— Si tu veux, je peux demander à mon collègue du département d'Histoire moderne. Il pourra certainement nous guider pour trouver des informations intéressantes.

— Erwan ?

— Oui, c'est son domaine de compétence.

— Bonne idée !

— Et je pense également que même si c'est difficile, tu trouveras sans doute des réponses dans les lettres suivantes.

— Tu as raison. Je les avais presque oubliées. La première m'a tellement émue que j'ai occulté le fait qu'il y en avait d'autres. En les classant par ordre chronologique, j'ai repéré des écritures différentes. Donc elles ne viennent pas toutes d'Eugénie.

Ronan appela son collègue et ami, Erwan Guillou, pour nous aider à trouver des pistes de recherche. L'Histoire prend un sens différent quand une personne de sa famille se trouve mêlée à un événement particulier. Ce n'était plus abstrait et ce n'était pas si loin. On ne parlait pas d'ancêtre dans un arbre généalogique mais de ma grand-mère, une personne que j'avais connue et qui avait probablement souffert davantage que je ne l'avais imaginé.

La méchanceté dont ma mère l'accusait et qu'elle m'avait transmise d'après elle, venait-elle de ces années difficiles ? Avait-elle dû se forger une carapace pour se prémunir de la cruauté d'autrui ? Ou au contraire avait-elle été placée dans une famille aimante qui ne pouvait avoir d'enfant et qui la chérissait comme sa propre fille ?

Le sort de ces enfants m'intriguait et je voulais en savoir davantage. Ronan revint tout sourire.

— Tu as pu parler à Erwan ?

— Oui et il m'a donné deux pistes intéressantes. La première, c'est qu'il connaissait le sujet et qu'il allait nous transmettre des documents concernant l'histoire des enfants durant cette période. Il va également se renseigner sur le sort particulier des enfants placés.

— Super ! Et la deuxième ?

— Il a suggéré que tu écrives aux Archives du Nord. Avec l'acte de naissance de Léonie et la date de l'abandon, ils auront peut-être un dossier sur elle qu'ils pourront te communiquer.

— Ah bon ?

— Ce n'est pas certain et tout dépend de l'état dans lequel il a été conservé. Mais tu peux tenter. Ce sont eux qui centralisent les dossiers des Hospices.

— Les Hospices ?

— Oui, c'est le terme qu'il a employé. C'est apparemment là que l'on déposait les enfants avant qu'ils ne soient placés. Je n'en sais pas plus.

J'avais l'impression d'avoir basculé dans un autre monde, un autre temps. D'avoir ouvert une porte et d'être projetée dans un film en noir et blanc.

Dans mon imaginaire je voyais Eugénie vêtue d'une longue jupe noire qui cachait ses bottines usées et trouées sous la semelle, une blouse gris clair bien repassée pour l'occasion, ses cheveux relevés en un chignon duquel dépassait des mèches rebelles, rousses elles aussi, et sur les épaules un épais châle noir tricoté main, à la fois pour lui tenir chaud et pour dissimuler l'enfant qu'elle tenait dans ses bras et qu'elle allait devoir confier à des étrangers. La petite ne bronchait pas mais regardait fixement sa mère comme si elle pressentait que son destin allait se jouer dans les minutes qui suivaient.

— On y va ?

Ronan me sortit de ma torpeur. En un clin d'œil, je revins dans le présent.

— On va où ?

— Tu te souviens qu'on a rendez-vous à la banque ? C'est toi qui as insisté pour avoir une véranda !

— Oui, tu as raison. Donne-moi cinq minutes pour me préparer et j'arrive.

Mes deux mondes s'entrechoquaient.

D'un côté, la pauvreté, la détresse, le dénuement, le malheur d'une femme, mon ancêtre, obligée d'accomplir un geste inhumain, et de l'autre un acte dénué de sens par comparaison, presque obscène, de vouloir surenchérir dans le confort et l'aisance en ajoutant une pièce à une maison déjà spacieuse.

Comment expliquer à Ronan que cette véranda je m'en fichais complètement à cet instant ? Que ce projet auquel je tenais tant n'avait plus aucune signification à présent ?

Que je voulais rester avec Eugénie, retourner dans son monde pour mieux la comprendre, la soutenir, et l'accompagner dans cet acte tragique. Mes jambes flageolaient mais il me fallait me reprendre. Je refermais très doucement la porte, celle que mon cerveau avait ouverte. Je savais que je pouvais y retourner. Attends-moi, Eugénie, ne bouge pas, je reviens. Ne pars pas, je serai à tes côtés. Je fais juste une course et je franchirai à nouveau le seuil qui nous sépare. Je ne te laisse pas tomber. Attends-moi !

— J'arrive Ronan, je suis prête !

Chapitre III

Le 10 mars 1904

Madame Houart,

Vous avez demandé comment va votre fille et l'inspecteur de l'Hospice m'a dit de vous écrire.

Moi je ne sais pas, donc c'est mon voisin qui était à l'école qui écrit à ma place. Il a son Certificat d'Études Primaires.

Votre fille est en bonne santé. Elle mange bien. Chez nous il y a tout ce qu'il faut. Vous devez pas vous inquiéter.

Madame Bardet

Je reposais la petite feuille de papier sur le sous-main puis l'insérais dans une pochette plastique pour la protéger. J'étais perplexe.

Ma chère Eugénie, je te vois ouvrant fébrilement l'enveloppe qui contient les nouvelles de ta fille. Tu n'as pas rompu le lien. Tu ne sais pas où elle est puisque tout le courrier passe par l'administration, et tu as sans doute dû insister pour qu'on t'écrive. Tu voulais savoir si elle était en bonne santé, si on s'occupait bien d'elle. Je sens les larmes qui coulent sur tes joues. Elle est en vie, elle « mange bien », ce qui est davantage que ce que tu aurais pu lui donner. Mais il n'y a aucune trace d'affection dans ce message. Était-ce de la pudeur ? Elle n'a même pas utilisé son prénom ! Ce message froid comme de la glace a dû te briser le cœur. Dans quelle situation es-tu ? Qu'est-ce qui t'empêche de reprendre ta fille ? Elle a plus d'un an maintenant. Et tu ne sais rien d'elle. Mais n'était-ce pas mieux comme ça ? La douleur n'aurait-elle pas été plus intense si tu avais reçu un message plus chaleureux ? Comment savoir si Léonie reçoit de l'amour ? Et les nourrices de l'époque étaient-elles en mesure d'en donner aux enfants dont elles s'occupaient ?

— Ah, ma chérie, tu es là, je te cherchais !

— Pourquoi ?

— J'ai invité Erwan à prendre un café cet après-midi. Il a des informations pour toi et j'ai pensé que tu aimerais discuter avec lui.

— D'accord, bonne idée. Regarde, je viens de lire la deuxième lettre, c'est la nourrice qui écrit à Eugénie. Mais on sent bien que ça lui a été imposé et il n'y a aucune chaleur dans la réponse.

— Tu as raison, répondit-il après lecture du très court texte qu'il avait entre ses mains. Cela dit, ce n'est pas elle qui écrit mais elle a dicté sa lettre à un voisin, un homme qui plus est. Elle avait peut-être juste du mal à communiquer ses sentiments.

— Oui, c'est possible. Je me demande comment elles étaient recrutées. Par qui et sur quels critères ?

— Eh bien, tu pourras en parler avec Erwan tout à l'heure, je lui ai dit que le sujet t'intéressait.

***

Je pensais que Erwan viendrait avec une mallette pleine de documents auxquels il allait se référer et qu'il me laisserait à étudier. Mais non, il arriva les mains dans les poches. Après les salutations d'usage, nous nous installâmes au salon et il entra dans le vif du sujet. Je compris rapidement qu'il connaissait parfaitement cette période. Ronan m'avait prévenue que le sort des enfants au début du XXe siècle était une de ses thématiques de prédilection.

— Les enfants trouvés ou abandonnés, à la période qui t'intéresse, étaient d'abord soumis à une visite médicale, expliqua Erwan d'emblée. Dans la plupart des hospices, on les baptisait immédiatement car le taux de mortalité était tel qu'on préférait aller vite. Ensuite, ces enfants étaient placés chez des nourrices, la plupart du temps à la campagne ou près de la ville. Je pense que c'était le cas pour ta grand-mère.

— Oui, j'ai lu ce matin, ce qu'on peut à peine qualifier de « lettre » de la dame qui s'occupait d'elle.

Je lui montrai le document qu'il parcourut aussitôt.

— Je comprends qu'il te perturbe, mais tu sais, ces femmes venaient d'un milieu modeste. C'étaient souvent des épouses d'ouvriers, d'artisans ou de journaliers employés dans des fermes. Le fait d'accueillir un enfant était une source de revenus pour la famille. C'était un travail, pas un engagement affectif.

— L'un n'empêche pas l'autre, non ?

— Remets-toi dans le contexte de l'époque. La plupart des enfants mouraient en bas âge. Donc même avec leurs propres enfants, les relations telles qu'on les connaît aujourd'hui n'existaient que rarement. De plus, une fois l'enfant allaité, disons lorsqu'il avait atteint l'âge d'un an, un an et demi, on leur retirait.

— Ah bon ?

— Cela n'était pas systématique, mais c'était très souvent le cas. Il faut appeler les choses par leur nom : c'était du commerce. L'enfant était une marchandise et il était souvent traité comme tel. Les nourrices ne s'attachaient pas, ce qui explique que dans la lettre elle n'emploie même pas le prénom de l'enfant. Si ça se trouve, elle ne l'utilisait jamais. C'était simplement une activité lucrative qui lui permettait un complément de revenu souvent indispensable pour sa propre famille. On a appelé cette situation « l'allaitement mercenaire » ! Ça veut tout dire !

— Et personne ne s'occupait du sort de ces enfants ?

— Si. Vingt-cinq ans avant la naissance de ta grand-mère, en 1874 pour être précis, le gouvernement va voter ce qu'on appellera la Loi Roussel. Elle stipule que les enfants de moins de deux ans placés en nourrice moyennant salaire doivent faire l'objet d'une surveillance de l'autorité publique qui doit protéger sa vie et sa santé. Le temps que la loi se mette en place, on peut dire que les conditions s'améliorent au début du XXe siècle.

— Et on sait ce qui a poussé l'État à réagir ? intervint Ronan.

— Tu te doutes que ce n'est pas uniquement par bonté d'âme, répondit Erwan en souriant. En fait, l'État avait besoin d'enfants, et d'enfants vivants ! La petite enfance est devenue un enjeu politique.

— Comment ça ?

— En 1870, la France perd l'Alsace et la Lorraine. Cela fait deux millions et demi de Français en moins, qui deviennent allemands. Si on y ajoute l'incroyable taux de mortalité des enfants de l'époque, la France se dépeuple. Et les politiques pensent déjà à une revanche et à une reconquête des territoires. Mais de l'autre côté de la frontière, le taux de natalité est supérieur, il faut donc réagir ! La remontée de la démographie est devenue une question de survie pour le pays.

— J'ai du mal à comprendre, Erwan. En tant que maman, je me dis qu'un enfant élevé à la campagne doit bénéficier d'un environnement sain, non ?

— À nouveau, il faut se replacer dans le contexte. Une nourrice a le droit de prendre un enfant parce qu'elle allaite, donc cela veut dire qu'elle partage son lait entre son propre enfant et celui pour lequel elle est rémunérée. Elle n'en a pas assez pour les deux et va devoir compléter l'alimentation. Elle va utiliser du lait d'animal, vache, chèvre ou autre, ce qu'elle a sous la main, sachant qu'à l'époque le lait n'est pas stérilisé. Et les conditions d'hygiène en ce temps-là étaient telles qu'il y a de fortes chances pour que l'un ou même les deux enfants meurent.

À l'époque, les fermiers cohabitaient avec leurs animaux, tout le monde vivait sous le même toit. Ce n'est qu'après 1910, qu'on commence à séparer les habitats hommes et animaux dans certaines campagnes. Même le berceau n'est pas encore rentré dans les mœurs ! Chez les fermiers, les nouveau-nés dorment dans le lit des parents. Mais c'est comme tous les changements, cela prend du temps. Et les mères n'avaient aucune information sur le respect de l'hygiène pour un nouveau-né. Stériliser un biberon par exemple, n'était pas du tout rentré dans les mœurs. L'espérance de vie de ces enfants était donc très courte.

Pour te donner un exemple, on a calculé qu'à Lyon, sur 6000 enfants placés en nourrice, 4000 vont décéder !

— Mon Dieu, quelle horreur !

— Oui, tu vois, si tu réfléchis bien, ta grand-mère devait effectivement être bien soignée sinon elle n'aurait pas survécu. Certaines nourrices continuaient leur travail aux champs et n'emportaient pas l'enfant placé avec elle. Il restait seul, sans surveillance, dans les mêmes langes, jusqu'à ce qu'elles rentrent le soir. Et s'il tombait malade, elles n'appelaient pas le médecin !

— Elles ne le laissaient pas mourir quand même !

— Non, à cette époque on utilisait ce qu'on avait sous la main pour soulager la douleur ou les coliques dues à la mauvaise alimentation. Des herbes, des potions, des remèdes de grand-mère. Parfois, cela fonctionnait, d'autres fois, non. Elles avaient souvent de bonnes intentions mais le résultat, hélas, demeurait identique !

— C'est vrai qu'on a du mal à imaginer les conditions dans lesquels vivaient nos ancêtres, pensais-je à voix haute. Est-ce que tu sais si c'était mieux en ville ?

— En ce qui concerne l'hygiène, je peux te répondre avec trois dates qui vont te parler immédiatement. Dans l'ordre chronologique, 1894, installation systématique du tout-à-l'égout à Paris d'abord, puis dans les grandes villes. 1902, promulgation de la loi sur l'hygiène publique, et 1905, loi sur le contrôle bactériologique de l'industrie alimentaire. On est donc dans les dates qui concernent le début de vie de ta grand-mère.

Tu vois qu'il y avait beaucoup à faire ! L'État prend enfin conscience que l'enfant doit avoir sa place dans la société ! Mais pour répondre à ta question, il y a en réalité deux types de nourrices. Celles pour les enfants pauvres ou placés comme c'est le cas de ton aïeule, ou celles qui s'occupent de la progéniture de la bourgeoisie.

— Elles ne travaillent pas pourtant !

— Détrompe-toi ! Certaines femmes d'artisan et de commerçant aident leurs maris à tenir la boutique. Quant à celles qui effectivement ne travaillent pas, employer une nourrice chez soi est un signe extérieur de richesse. Elles imitent en cela l'aristocratie qui a toujours pratiqué la mise en nourrice de ses enfants. Et puis allaiter n'est pas bien vu à l'époque. On dit que cela gâche la beauté des femmes avec une poitrine lourde et inesthétique !

— Et comment sont-elles recrutées ?

— Dès qu'elles ont un enfant, les nourrices « montent à Paris » et se rendent dans un bureau de placement. Un docteur sur place les examine, leur palpe les seins, goûte leur lait et flaire leur haleine pour être sûr qu'elles ne boivent pas ! Une fois qu'elles sont choisies, elles abandonnent leur enfant qui retourne dans la famille et elles restent sur place.

— Leur propre enfant ?

— Oui, c'est un sacrifice mais en contrepartie la nourrice est bien habillée, bien nourrie et bien payée ! Beaucoup de fermes ont pu s'agrandir avec ce système. Grâce au revenu ainsi engendré, un paysan pouvait acheter une parcelle de terre.

Il y a en cette fin du XIXe siècle et ce début du XXe tout un système de marchandisation qui pose question sur le rôle de la femme, comme sur celui de la place de l'enfant. À Paris, ce sont les nourrices du Morvan qui étaient recherchées. J'ai beaucoup d'articles à ce sujet si cela t'intéresse.

— Oui avec plaisir. Cela m'aide à mieux comprendre mon passé.

— Et malheureusement, le sort des enfants ne variait pas beaucoup d'une région à l'autre. Ce qui avait lieu dans le nord de la France avait lieu aussi chez nous en Bretagne. En 1869 déjà, un membre de l'Académie de Médecine avait écrit, je le cite « Un jour viendra où l'on comprendra que l'enfant possède aussi des droits dès sa naissance ».

L'ambiance était lourde dans le salon. Tous les trois pensaient avec empathie à ces femmes et à ces enfants dont les choix dans la vie étaient plus que limités. Comme souvent, ce fut Ronan qui trouva de quoi dérider tout le monde.

— Je vous propose de porter un toast à madame Bardet ! Sans les bons soins qu'elle a prodigués à ta grand-mère, tu ne serais pas de ce monde et nous ne serions pas en train de bavarder tous les trois !

Sur ce, il se leva et alla déboucher une bonne bouteille de Quincy, un blanc que Erwan appréciait particulièrement. Ce dernier fut touché par l'attention.

— À madame Bardet ! dirent-ils à l'unisson en entrechoquant leurs verres !

— À Léonie ! ne puis-je m'empêcher d'ajouter.

***

Procès-Verbal dressé par le Commissaire de police constatant les causes de l'abandon de l'enfant

L'an mil neuf cent trois, le vingt-neuf du mois de janvier à onze heures du matin,

Par devant nous Roussennac Charles, Commissaire de police du 6e arrondissement s'est présentée la nommée Houart Eugénie profession de servante, âgée de trente-deux ans, demeurant à Lille rue Léon Gambetta 264, laquelle nous a fait la déclaration suivante :

Le 17 janvier courant, j'ai mis au monde un enfant de sexe féminin auquel j'ai donné le prénom de Léonie. Mais comme je suis seule et me trouvant sans ressources ne pouvant me remettre à travailler maintenant je ne puis subvenir aux besoins de mon enfant. C'est pourquoi je demande à ce qu'il soit placé à l'assistance publique du Nord, momentanément, car je m'engage à le reprendre aussitôt que ma situation sera un peu améliorée.

En foi de quoi nous avons dressé le présent procès-verbal que la déclarante a signé avec nous après lecture, les jours, mois et an que dessus.

Eugénie Houart
Le Commissaire

Le dossier des Archives du Nord concernant Léonie était arrivé le matin même. Il allait m'être d'un grand secours dans mes recherches. Eugénie avait bien dû se résoudre à abandonner sa fille, comme le confirmait le document de l'Hospice de Lille :

L'an mil neuf cent trois, le vingt-neuf janvier, La Commission des Enfants assistés,

Vu l'autorisation préfectorale en date du vingt-neuf janvier courant,

Reçoit et classe au nombre des abandonnés :

Houart Léonie, née à Lille le 17 janvier 1903, fille naturelle reconnue de Houart Eugénie,

Motif de l'admission : Indigence de la mère.

L'Administrateur Tuteur

Président du Bureau d'admission

Léonie portera le numéro 12 dans le registre d'admission de l'Hospice Dépositaire de Lille.

***

Avant de consulter les autres documents fournis par les Archives du Nord, je relus le procès-verbal. Soudain, l'image d'Eugénie m'apparut, petite forme grise et noire tenant à peine sur ses jambes, le visage décomposé, le corps secoué par des sanglots qu'elle ne peut maîtriser.

Eugénie, je vois tes larmes couler abondamment sur tes joues pâles. Un fleuve que rien ne pourrait tarir, même le regard sévère du commissaire qui « des filles comme toi », en voit passer tous les jours ou presque. D'ici quelques minutes, ton petit rayon de soleil sera séparé de ton corps, de ton esprit, de ta peau, de ton âme. Comment vivre après un tel acte ? La garder c'est la condamner à une mort certaine, mais l'abandonner c'est pour toi mourir à petit feu. Laquelle de vous deux est la plus à plaindre ? Mon cœur se brise en deux, comme ces médaillons qu'on voit parfois au cou de certaines femmes. Tu signes en tremblant la feuille qu'on te présente, juste en dessous de ce gros doigt boudiné qui t'indique l'espace qui t'est réservé. Ton cœur saigne, on t'a poignardé le côté droit. Une dame que tu ne reverras sans doute jamais a pris ta fille et après t'avoir dévisagée de haut en bas, est ressortie sans un mot, le précieux paquet dans les bras. Elle est passée par l'autre porte, celle qui donne sur un monde auquel tu n'as pas accès. Un monde tragique dans lequel une enfant marquée au fer rouge de la honte va devoir se battre pour survivre. Léonie n'a même pas pleuré, tu l'as nourrie avant de venir et elle est repue, calme, sans comprendre ce qui se joue autour d'elle. Tu lui as murmuré un dernier adieu, peut-être un au revoir, si tant est qu'il te reste de l'espoir. Tu te retournes et te diriges vers la sortie, tes petits pas résonnent sur le parquet bien ciré, tu franchis le seuil, ce point de non-retour, et ton cœur est lourd de chagrin. Ton corps pèse une tonne, tu as du mal à te mouvoir, encombrée par le remords qui t'empêche de respirer. Tu subis le poids de ta propre déchéance et ce miroir invisible qui ne cesse d'apparaître devant tes yeux te renvoie l'humiliation, l'infamie, de ton acte désespéré. Cet opprobre qui te poursuit se voit sur ton front quand on te regarde, tu en es convaincue. *Mon Dieu, qu'ai-je fait ?* Alors tu te persuades que tu reviendras, que tu l'arracheras à ces mains qui t'ont pris la chair de ta chair, que tu répareras ta faute et que tout redeviendra comme avant. Tu l'as promis au commissaire, tu l'as fait inscrire dans le procès-verbal. Oui, tu reviendras. *Ne t'inquiète pas Léonie, le cœur de maman va rester près de toi et nous serons à nouveau réunies*.

Alors une fois la lourde porte de l'Hospice refermée, tu marches dans la rue d'un pas rapide et décidé, et tu relèves la tête. Tu rejoins la foule, tu regardes droit dans les yeux les passantes qui te font face pour les mettre au défi. Celui de revenir la tête haute, de changer le cours de ta vie, de te battre pour elle, celle qui à présent dort dans un lieu inconnu et cherche l'odeur de ta peau. Ce n'est pas une défaite, juste une épreuve. Elle te rendra plus forte, vous rendra plus fortes toutes les deux, plus unies que jamais. Va, Eugénie, bats-toi pour elle.

Chapitre IV

Lille, 6 février 1905

Chère Eugénie,

Enfin une lettre de toi !

Comment tu as pu me laisser sans nouvelle si longtemps ! Je suis allée à ton ancienne adresse rue Gambetta et on m'a dit que tu étais partie mais personne ne savait me dire où tu étais. Je me suis fait beaucoup de soucis pour toi !

J'étais contente de recevoir ta lettre. Tu me dis que tu es retournée chez ta mère. Tu salueras Apolline de ma part, si elle se souvient de moi. Ça doit être dur sans son mari, j'étais bien triste quand j'ai appris qu'il était mort.

As-tu des nouvelles de ta fille ? Tu n'en parles pas dans ta lettre. Elle doit avoir deux ans maintenant. Je me souviens que tu voulais la reprendre. Si tu viens à Lille, passe me voir, on pourra parler du bon temps quand on vivait à Fresnes toutes les deux et qu'on allait à l'école ensemble. Moi je suis maintenant avec Lucien, il est gentil avec moi et on va se marier cette année. Tu viendras ? Je sais que Fresnes c'est loin mais je serai contente de te voir. Lucien travaille à l'usine Blancaert comme ouvrier et moi je suis toujours chez les Vanwerscappel. Depuis que je suis avec Lucien, ils me traitent mieux. Ils font plus attention. J'ai beaucoup de chance, tu sais, Lucien rapporte sa paye toutes les semaines et il ne va pas la boire au bistrot comme les autres que j'ai connus avant. Peut-être même qu'on aura des enfants mais je suis pas pressée, on fait attention.

Et toi ? Tu me parles d'un Charles dans ta lettre. C'est sérieux avec lui ? J'espère qu'il te laissera pas tomber comme l'autre. Je me souviens même plus de son nom !

Tu vois comme je sais bien écrire maintenant, c'est la sœur de Lucien qui m'aide. Elle a été à l'école plus longtemps que moi et elle dit que c'est important pour une femme de bien savoir lire, écrire et compter. Elle a une bonne place à la poste. Même Lucien, il dit qu'il ne va pas rester simple ouvrier. Moi aussi je voudrais changer et ne plus être domestique. Mais c'est pas facile et madame me donne ses habits quand elle ne les met plus et parfois je reviens à la maison avec le repas et ça aide bien. Et toi, tu as trouvé du travail ?

Je te laisse maintenant. J'envoie la lettre chez ta maman, même si tu as déménagé, elle te la donnera.

Porte-toi bien et écris-moi.

Ton amie pour toujours
Louise

Cette lettre était la troisième dans l'ordre chronologique. Eugénie était donc retournée chez sa mère, à Fresnes. Je regardais dans Google map et je vis qu'il s'agissait de Fresnes sur l'Escaut, près de Valenciennes. J'appris ainsi que mon aïeule s'appelait Apolline. J'aimais beaucoup ce prénom. J'ai toujours été fascinée par les sonorités qui rimaient avec les prénoms que choisissaient nos parents. Apolline, féline, câline, opaline, maline, cristalline. Que c'était doux à l'oreille ! Apolline, Eugénie, Léonie.

Trois générations. Trois prénoms à consonance agréable. De mère en fille, elles avaient transmis une sorte de mélodie, de comptine, comme un chant d'amour qu'on reproduit à une époque où les démonstrations de tendresse étaient peu fréquentes. Peut-être leur façon à elles de dire « je t'aime » quand elles s'adressaient à leur enfant. Mais j'extrapole, je projette sur moi la révulsion éprouvée à chaque fois qu'elle m'appelait. *Henrrriettte* ! En appuyant bien sur ces consonnes qui à elles seules contenaient toute la dureté dont Elle faisait preuve à mon égard. *Henriette ! Viens ici ! Mais qu'as-tu encore fait ! Tu es méchante ! méchante ! méchante !*

Jamais Ronan ne m'appelle par mon prénom. Il connaît mon aversion profonde pour les sons qu'il émet. Ma chérie, mon amour, ma Ninette. Quand il s'adresse à moi, c'est toujours ainsi. Et s'il est en colère, ce qui arrive rarement, il ne m'appelle pas ! Il ne prononce aucun prénom.

Je relus la lettre. Louise et Eugénie s'étaient connues étant enfants. Je trouvais curieux qu'elle lui avait parlé de Charles, l'homme qu'elle avait rencontré mais ne donnait aucune nouvelle de sa fille. Probablement qu'elle n'en recevait aucune. Mais en demandait-elle ? Deux ans plus tard, était-il possible que le lien qu'elle avait tissé avec son enfant pendant les neuf mois qu'elle l'avait porté et les 12 jours où elles avaient vécu ensemble, ce lien s'était-il rompu ? Avait-elle fait une croix sur sa promesse ? Ou bien attendait-elle de trouver une stabilité financière avec un homme qui accepterait d'élever une fille qui n'était pas la sienne ?

Léonie avait deux ans maintenant. Que lui avait-on dit ? Comment expliquer à une enfant que sa mère l'avait laissée là, chez ces gens, pour qui elle n'était rien, sauf une source de revenus ?

Je profitais de l'absence de Ronan, parti travailler, pour continuer mon exploration dans les documents épistolaires. Mon mari trouvait que je consacrais beaucoup de temps à ma nouvelle *occupation*, comme il l'appelait.

Je pense qu'il ne comprenait pas qu'à travers l'histoire de ces femmes, mes ancêtres, c'était aussi mon propre passé que je tentais de comprendre. Je me plongeais dans la lettre suivante car il me tardait de savoir si Eugénie avait réussi à surmonter ses épreuves, à trouver du travail et peut-être refaire sa vie. La lettre suivante était manifestement écrite de la même main. Il s'agissait donc de Louise. La date était celle du 5 février 1907.

Hellemmes, le 5 février 1907

Chère Eugénie,

Tu ne sais pas la joie que me donne la lecture de tes lettres ! Même si tu mets beaucoup de temps à me répondre ! J'étais tellement contente de lire que tu étais mariée à Charles ! Je comprends que tu n'as pas fait une grande noce. Les temps sont durs pour tout le monde.

Ta mère doit être contente aussi. Et tu vas peut-être pouvoir reprendre ta fille. Elle a 4 ans maintenant, Léonie. Qu'en pense Charles ? Allez-vous faire des enfants ensemble ? C'est un beau métier verrier, au moins il y aura de quoi manger sur la table.

Quand tu es venue à notre mariage, je t'avais dit que Lucien devait passer ouvrier qualifié. Eh bien, ça y est enfin ! Il est très fier de rapporter plus d'argent à la maison. Il était temps car on a un petit prévu pour bientôt. Lucien voudrait un fils. Moi ça m'est égal, du moment que tout va bien. Chez lui il y a que des filles, alors il aimerait un petit gars.

Si tout va bien, après la naissance, j'arrêterai mon travail chez les Vanwerscappel. Lucien ne veut plus que j'aille là-bas. Il a su que parfois Monsieur était un peu trop familier avec les domestiques. Enfin tu vois ce que je veux dire. Moi je suis la seule qui ne dort pas là-bas alors ça va, il me laisse tranquille, et avec mon ventre rond, il ne me regarde même plus. Madame a dit que je pouvais rester tant que je fais mon travail comme avant. Alors le soir quand je rentre, je suis bien fatiguée. Peut-être qu'après je pourrai rentrer aux PTT, mais je n'ai rien dit à Madame sinon elle me ferait partir tout de suite. Ils ont besoin de monde maintenant et la sœur de Lucien va me recommander. Je continue à étudier avec elle le français et le calcul. Je commence à bien me débrouiller.

Et toi ? Tu me dis que tu as trouvé du travail mais tu as oublié de me dire quoi ! Dis-moi quand tu viens à Lille. On habite à Hellemmes maintenant, j'ai mis la nouvelle adresse sur l'enveloppe. C'était trop petit avant et avec la nouvelle paye de Lucien on a une vraie maison avec une petite cour. Le loyer est plus cher mais si je continue à travailler après la naissance on vivra presque comme des bourgeois ! Tu vois, ta Louise, elle s'en sort pas si mal ! On aurait pas pensé ça quand on était gosses. Tu te rappelles ?

Donne-moi de tes nouvelles ma chérie.

Ta Louise

Ainsi donc, Eugénie avait pu refaire sa vie. J'étais contente pour elle. Et elle avait apparemment trouvé du travail même si elle n'était pas très prolixe sur le genre d'emploi qu'elle occupait. Sans doute était-elle à nouveau *servante* comme cela figurait sur la feuille de renseignements qu'elle avait remplie au Service des Enfants Assistés à Lille.

J'y avais appris, toujours d'après cette fiche, qu'elle *n'avait jamais subi de condamnation,* et que *la grand-mère de l'enfant, Apolline Lefebvre, veuve Houart, 60 ans, journalière, seule parente encore vivante, ne possède rien et touche 80 francs par an du gouvernement.*

Eugénie avait-elle informé sa mère de la naissance de cette petite fille ? Nul document ne nous permettait de l'affirmer. Tout ce dont je me souvenais de mes lectures sur le sujet, lors de mon intérêt pour la documentation dite « féministe », c'est que la société méprisait ces femmes sans ressources, considérées le plus souvent comme des traînées irrécupérables.

À l'époque, elles dépendent encore du Code civil de 1804 dont la loi protège l'homme en empêchant toute recherche de paternité, ce qui explique le nombre de mentions « père inconnu » dans les registres. Et c'est sans compter le poids moral de l'Église qui leur faisait payer très cher leur « faute », au singulier bien sûr. Ce n'est qu'en 1972 que le terme « fille-mère » disparaît officiellement pour être remplacé par celui de « mère célibataire » !

Il est donc plus que vraisemblable qu'Eugénie n'ait jamais informé sa mère de sa « faute ». Son inconduite aurait infligé le déshonneur à sa famille, qui l'aurait sans doute accusée de mener une vie de débauche et de prostitution, qui sait ! Et plus question après cela d'espérer faire un « bon mariage ». Alors qu'il s'agissait parfois d'une expérience de jeunesse sans lendemain, ou d'une promesse de mariage non tenue, ou aussi, de manière plus sordide, d'un patron auquel résister eût signifié le renvoi systématique.

Eugénie étant servante à l'époque de sa grossesse non désirée, cela rend l'hypothèse plus que plausible. À y regarder de plus près, ce n'est pas étonnant qu'elle soit repartie chez sa mère à Fresnes. Personne ne savait ce qu'elle avait vécu à Lille les trois années où elle y avait séjourné, et il valait mieux tenter de se reconstruire dans sa ville natale. La faiblesse des gages d'une domestique lui aurait de plus interdit de payer une nourrice pour son enfant si elle l'avait gardé. Et trouver un toit pour elles deux était tout bonnement impossible. C'était donc une situation inextricable.

Mais pourquoi avait-elle senti le besoin de spécifier à l'Hospice qu'elle viendrait rechercher son enfant ? Le pensait-elle vraiment ? Avait-elle imaginé un court instant qu'elle rencontrerait quelqu'un de compréhensif, qui ne lui jetterait pas la pierre ? Il semblerait que tel ne fut point le cas. Comment un homme aurait-il pu intégrer dans son foyer une enfant conçue dans l'opprobre ? C'était accepter la déviance, certes antérieure mais néanmoins existante, de son épouse. Il semblerait que Charles n'était pas homme à pardonner.

***

Connaissant à présent l'écriture de Louise, je cherchais une autre lettre dans le petit paquet trouvé dans la mallette. Mais rien.

Si ton amie n'écrit plus, c'est que tu as rompu les ponts, n'est-ce pas Eugénie ? Tu as tiré un trait sur ton passé, tu as cassé le lien qui te reliait encore à une soi-disant faute. Tu m'apparais, penchée sur ton fourneau, à préparer le repas du soir. Je te vois, je suis à tes côtés. On est le 17 janvier, c'est son anniversaire. Tu imagines son visage. Elle a tes cheveux, roux comme les carottes que tu épluches en ce moment. Et tu souris. A-t-elle hérité de tes yeux verts ? Tu l'espères heureuse, tu ne peux pas imaginer que ton sacrifice ait été pour rien. Elle est sûrement chez des gens bien. En tout cas, elle est en vie, et c'est plus que ce que tu aurais pu lui donner. Tu n'avais pas le choix et tu le sais. C'était la condamner à mort que de la garder. Et puis ici, personne n'est au courant, alors c'est peut-être mieux comme ça. Tu ne vas plus à Lille, tu ne prends pas le risque de faire une mauvaise rencontre, quelqu'un qui t'aurait connue à cette époque. Et lui, que devient-il ? Cet homme était-il ton amant ? Ton patron ? Une aventure de passage ? Tu ne me dis rien. Tu me laisses entrer dans ta tête mais c'est juste en spectatrice, juste pour que je comprenne. Tu sais qui je suis et tu veux que je sache qui tu es.

Alors de temps en temps tu m'appelles. Et je te rejoins. Je ne dis rien à Ronan, ne t'inquiète pas, tu peux laisser ton esprit vagabonder et communier avec le mien. Tu regardes la chevelure de carottes. Tu la caresses. Si Charles savait. Il te mépriserait. Alors tu te contentes de cette vie, de ce petit endroit à peine grand pour vous deux, fourni par l'entreprise de ton mari. Tu es en sécurité et tu es vivante. C'est cela que tu voulais me dire. Que je suis vivante grâce à toi, parce que tu as donné la vie et que tu as préservé ton enfant. Que ma propre existence ne serait rien sans ta « faute ». Je le vois dans tes yeux, qui sont aussi les miens. De l'émeraude à l'état pur, deux pierres précieuses qui ont fait fondre cet homme, de 12 ans ton cadet. Charles est tombé sous le charme, il te rassure, te protège. Plus jamais tu ne mettras ta réputation en jeu. Mais tu me dis adieu. Pourquoi ? Ne me laisse pas toute seule, j'ai besoin de toi dans ma tête, je t'en supplie, ne m'abandonne pas, moi aussi.

— Ça va, ma chérie ?

— Ah tu es rentré ! Oui, tout va bien, pourquoi ?

— Tu as une larme sur la joue et tu as l'air triste.

— Non, ne t'en fais pas, tout va bien. Je rêvais, c'est tout.

— J'espère que ce ne sont pas tes recherches qui te mettent dans cet état-là, parce que ça commence à m'inquiéter. Je me demande si c'était vraiment une bonne idée. Tu devrais faire une pause.

***

Docteur Verlaine *Le 25 janvier 1914*
Cysoing (Nord)

Mon cher Confrère,

Il y aurait lieu de retirer les enfants Houart Léonie et Deyne Germaine placés chez Madame Delemarle à Wannehain. La nourrice est atteinte de tuberculose avancée.

Bien cordialement à vous,

Glissée entre les différents documents fournis par les Archives du Nord, cette ordonnance de médecin m'a fait froid dans le dos. Il est vrai qu'à l'époque la « peste blanche » comme on l'appelait sévissait dans toute la France, frappant en majorité des sujets jeunes. Dans les villes, c'était l'insalubrité des quartiers ouvriers qui facilitait sa prolifération. En zone rurale, les conditions d'hygiène dans lesquelles vivaient les paysans étaient telles que cette maladie fortement contagieuse se propageait et tuait des familles entières.

En cherchant des informations sur la maladie, je lus que le fameux vaccin, le BCG, n'apparut qu'en 1924 et que les traitements contre la tuberculose ne seraient efficaces qu'à partir de 1947.

1914. C'est la date sur l'ordonnance du médecin. Léonie a 11 ans. Aucune trace d'elle, aucun document dans son dossier entre 1903 et 1914. La lettre de la nourrice et les deux lettres de Louise me laissaient supposer qu'elle était encore en vie mais je ne savais pas ce qu'elle était devenue. La mention « cher confrère » montre que le praticien s'est adressé à son homologue de l'Assistance Publique.

Mais il n'y a dans le dossier aucune trace de visite à domicile d'un quelconque médecin ou inspecteur pendant 11 ans ! Était-ce parce qu'il n'y avait rien à dire ? J'en doutais. Les inspecteurs de l'Hospice étaient tenus de faire des rapports, qu'ils soient positifs ou négatifs. Il semblerait plutôt que la loi mise en place de protection et de suivi des enfants placés ait mis du temps à être effective, car je n'en ai trouvé trace qu'à partir de 1915.

Mais quelle avait été la vie de Léonie pendant tout ce temps ? Comment était-elle traitée ? Devait-elle travailler ? Allait-elle à l'école ? Et qu'en était-il de son évolution psychologique, confiée à des personnes pour lesquelles elle représentait uniquement un complément de salaire ? Comment se développer normalement sans recevoir de marque d'affection et d'encouragement ?

J'avais besoin d'en savoir davantage et je décidais d'appeler l'ami de Ronan pour qu'il me fournisse des informations sur le sort de ces enfants à l'aube de la Première Guerre mondiale. Il se proposa de passer ce soir-là et nous nous retrouvâmes à trois dans le salon. Erwan était confortablement installé dans un des fauteuils Voltaire. Du même âge que mon mari, il en faisait bien dix de plus. La souffrance de la perte de son épouse et de sa fille, toutes deux mortes dans un tragique accident de voiture il y a cinq ans, l'avait vieilli.

Les traits de son visage, héritage de ses proches ancêtres marins bretons, étaient marqués de multiples rides et faisaient ressortir le bleu de ses yeux dans lesquels on lisait une profonde humanité et une grande intelligence. On plongeait dans ce regard doux et pénétrant à la fois, comme on plongeait dans l'océan tout proche, là où il se réfugiait durant ses congés, dans sa maison de pêcheur à quelques mètres de la mer.

Nous l'avions entouré du mieux que nous pouvions à ce moment-là mais comment soulager la peine immense qu'il ressentait ? Son travail à l'université l'avait sans doute maintenu en vie. Il s'était raccroché à lui et sans cette planche de salut, il aurait sombré davantage. Il n'avait pas souhaité refaire sa vie et pourtant il aurait pu. Bel homme, il plaisait aux femmes qui appréciaient son humour et son apparente simplicité. Comme beaucoup d'enseignants, il aimait partager ses connaissances mais il avait cependant gardé une forme d'humilité peu répandue chez les universitaires !

Sa présence chez nous était plus d'ordre amical que professionnel. Les jambes croisées, sa pipe à la main qu'il n'allumait jamais en ma présence par respect pour mon intolérance à la fumée, il portait son éternel costume de velours marron. Même en été, il n'enlevait jamais sa veste. Sa seule concession à la chaleur était l'ouverture du col de chemise, toujours blanche et impeccablement repassée.

J'aimais cet homme et la chaleur réconfortante qu'il dégageait. Nous flirtions parfois, mais sans jamais dépasser la limite de ce qui aurait pu entacher notre amitié à tous les trois.

— Tu te souviens quand j'avais évoqué la loi Roussel à ma dernière venue ?

— Oui très bien, c'est pour ça que j'ai du mal à comprendre le manque de suivi.

— Mais c'était uniquement jusqu'à l'âge de deux ans !

— Ah oui, c'est vrai ! J'avais oublié ce détail. Alors comment sait-on si elle a reçu des soins adéquats ?

— Et bien pour la même raison que la dernière fois, parce qu'elle est encore en vie !

— Mais là, tu me parles de soins physiques ! Que fais-tu de son développement ? Comment a-t-elle pu se construire ?

— Tu sais, à l'époque, élever un enfant consistait uniquement à le nourrir, l'habiller, le laver et le soigner. La médicalisation gagne les campagnes petit à petit mais la puériculture en tant que telle n'existe que dans certains milieux de la bourgeoisie dans lesquels le métier de mère commence à apparaître.

Dans les milieux ruraux, il faudra attendre l'entre-deux-guerres. Je ne dis pas que l'affection d'une mère pour son enfant n'existait pas. Bien sûr que cela existait. Mais dans ton cas, c'est différent puisque l'enfant n'était pas le sien. Tu peux te rassurer en te disant que si Léonie n'avait reçu aucune marque de tendresse pendant ces onze années, elle n'aurait probablement pas survécu. Je ne connais pas son parcours en tant qu'adolescente et peut-être en apprendras-tu davantage quand tu liras son journal, mais il est évident que pour exister un enfant a besoin de tendresse et de sécurité dès le départ.

Au début du XXe siècle, les enfants placés changeaient de nourrice presque tous les ans. Or on s'est rendu compte beaucoup plus tard que c'est dans la notion de continuité affective que l'enfant se construisait. Les études ont montré que les enfants abandonnés et ballottés d'un endroit à l'autre devenaient inaptes à toute socialisation.

— Je n'ai pas encore pris connaissance des rapports d'inspection que m'ont envoyés les Archives du Nord, mais j'ai vu une colonne de dates qui me fait penser qu'elle changeait effectivement de lieu tous les ans.

— Alors tu peux t'attendre à ce qu'elle ait mis en place un système de défense pour faire face à ce manque de stabilité. Comment aurait-elle pu se construire un système de valeurs stables si les adultes auxquels elle devait se référer changeaient constamment ? En tant que professeur des écoles, tu as dû en voir des enfants en mal d'affection !

— Oui, c'est vrai. Chaque année dans ma classe il y avait un ou plusieurs élèves chez qui on percevait une carence affective énorme. Et chaque fois, quand on creusait un peu, on se rendait compte que l'enfant avait fait l'objet d'un rejet à un moment de sa vie. Je me souviens qu'ils avaient des problèmes de vol et de rivalité constante avec leurs camarades. La psychologue de l'académie nous avait expliqué que cette avidité comblait un vide, souvent un manque d'enracinement.

— Oui et le risque pour les personnes victimes d'abandon est de répéter et de transmettre les mêmes problèmes avec les générations futures si rien n'a été fait pour aider la personne en question.

— C'est intéressant ce que tu dis parce que cela expliquerait la façon dont elle a élevé son fils, mon père. Je sais qu'il y a eu d'énormes carences de ce côté-là.

— Tu m'as dit qu'il avait écrit ses mémoires ?

— Oui et je ne me sens pas prête à les lire maintenant. Je verrai ça plus tard, si même je les lis un jour.

— Ton père est né en quelle année ?

— 1926. Pourquoi ?

— Léonie avait donc 23 ans quand elle est devenue mère à son tour.

— En tous cas, elle est allée à l'école puisqu'elle sait lire et écrire.

— Oui merci Jules Ferry ! C'est grâce à lui que l'école primaire est laïque, obligatoire et gratuite jusqu'à 13 ans. Tu sais qu'on appelait les instituteurs de l'époque les « hussards noirs de la République » ?

— Si je me souviens bien, c'étaient eux qui étaient chargés d'enraciner le régime républicain au cœur de la société française.

— Eh oui, on en revient une fois de plus à la politique. Le but de l'école primaire était de former des citoyens respectueux de la loi. Et les élèves étaient destinés à devenir des travailleurs manuels pour les garçons et des femmes au foyer pour les filles. Il fallait donner de l'instruction au peuple pour qu'il puisse comprendre ce qu'il produit mais tout en gardant une orientation pratique. Seule la bourgeoisie avait accès à un enseignement de culture ! L'instruction morale et civique existait pour que l'élève reste dans sa condition sociale.

— Mais les lois Ferry ont été créées pour l'instruction des enfants, non ?

— Disons que leur but était bien l'éducation mais pour qu'ils rentrent dans un certain moule, et surtout pas pour qu'ils tentent de se démarquer.

— D'accord, mais quand je pense à Léonie, je me dis que cette loi d'obligation de scolarisation des filles et des enfants des campagnes a dû la sauver. Sinon elle aurait probablement été condamnée à effectuer des tâches ménagères ou à aider aux travaux de la ferme.

— Tu as raison, d'autant plus que les enfants étaient encore sous le coup de la loi de 1892, qui avait réduit la durée maximale de travail des enfants à SEULEMENT 10 heures par jour ! D'ailleurs, l'école n'empêchait pas ces enfants de devoir fournir un certain travail. Mais on n'appelait pas cela travail, c'était simplement « aider les parents », et donc cela échappait totalement au contrôle de l'État.

Pour te donner juste un exemple concret près de chez nous, ici à Plougastel les enfants n'allaient pas à l'école au moment de la cueillette des fraises !

— Quand je pense que certains sont nostalgiques du temps passé ! Excuse-moi, mais quelle connerie ! Tu imagines si on demandait maintenant à un enfant de se lever tôt pour s'occuper des animaux avant d'aller à l'école ou de ramasser les pommes de terre en rentrant ?

— Je ne veux pas t'enlever tes illusions Henriette, mais en zone rurale le travail familial existe encore de nos jours. Et c'est rarement un choix de la part des enfants. Les tâches sont moins pénibles parce que tout ou presque est mécanisé mais je peux te dire qu'être obligé de nettoyer l'étable ou le poulailler avant de partir ou en rentrant est encore très fréquent.

Je demeurais pensive et Erwan et Ronan changèrent de sujet.

Je me levais pour aller dans la cuisine quand d'un coup tu m'as appelée.

J'ai su tout de suite que c'était toi. Cette petite fille de onze ans que je vois en noir et blanc. Je n'ose plus bouger. Seuls ta chevelure rousse et tes yeux verts donnent un peu de couleur au tableau. Que je suis heureuse de te voir ! J'ai connu ta maman, tu sais ! Et là, je te vois, dans ta blouse grise d'écolière. Et tu souris. Tu ME souris. Tu es penchée sur ta table d'écolière, tu écris sous la dictée de la maîtresse, tu t'appliques à ne pas faire de faute. Tu tiens ta plume penchée juste comme il faut, et tu la trempes de temps en temps dans l'encrier en porcelaine. Puis tu poses le buvard sur ton texte, bien attentive à ne pas faire de tache car Mademoiselle n'aime pas ça. Tu tires la langue et lèves les yeux au ciel pour réfléchir. Voyons, faut-il mettre un s ? Mais oui, bien sûr, Mademoiselle a fait la liaison pour nous aider. Tu es toute mignonne, me voilà rassurée. Et tu me regardes, malicieusement, un petit air moqueur au coin des lèvres. Tu me fixes. Droit dans les yeux. Que se passe-t-il, Léonie, que veux-tu me dire ?

— Léonie ! Tu essayes encore de tricher ! Va au coin !

La maîtresse s'est fâchée. Tu te lèves et m'invites à te suivre.

— Mademoiselle, elle m'a pincée !

— Léonie, tu es méchante, tu seras punie !

Face contre le mur, tu continues à me sourire. Le même air espiègle. Tu sors discrètement de ta poche une petite pièce de monnaie. Je la reconnais, c'est celle que j'avais volée dans le portemonnaie de ma mère. Mais non, c'est impossible. Voilà ce que tu voulais me dire, nous sommes pareilles toi et moi. Que moi aussi je trichais à l'école, que moi aussi je volais et que je pinçais mes camarades. Nos deux visages se superposent. Mêmes yeux, même tignasse rousse. Même caractère ? Même noirceur et perfidie ? Je ne sais plus qui je suis.

— Henriette, tu es méchante, méchante, méchante !

Tu me regardes encore et tu t'en vas. Mais non Léonie, reste avec moi, je ne dirai rien, c'est promis. Ma tête me fait mal, les murs flottent dans la pièce. Ils sont bleus et verts comme à Rennes, mais non, ils sont gris comme ta blouse, je ne sais plus où je suis. Je titube et je tombe sur un sol que je ne reconnais pas, Léonie, aide-moi, ne t'en va pas !

— Ninette !

Qui me parle ? Qui est là ?

Un visage près du mien, flou, comme dans la brume. J'ai du mal à le reconnaître.

Des mains qui me touchent. Veulent-elles me frapper ? Non, ce n'est pas Elle, mais bien Ronan qui me soulève gentiment et me pose sur le canapé.

Ça y est, je le vois nettement à présent. Il a l'air inquiet.

— Ma chérie, ça va ?

— Oui, ça va. Que m'est-il arrivé ?

— Tu es restée un moment sans bouger puis tu as poussé un cri et tu es tombée ! Tu m'as fait peur, tu sais !

— J'ai dû me prendre les pieds dans le tapis.

Ronan me regarde. J'ai l'impression qu'il ne me croit pas.

— Ne t'inquiète pas, chéri, tout va bien. Si tu veux bien me chercher un verre d'eau, je vais rester un peu ici.

— Pas de souci, je t'apporte ça.

Ronan partit vers la cuisine et je me tournais vers Erwan.

— Alors vous parliez de quoi ?

— Discussion entre Bretons ! J'expliquais à ton mari que le sort des petits Bretons n'était pas plus enviable que celui des nordistes.

— C'est-à-dire ?

— Et bien que ce soit dans les manufactures, les usines ou les ateliers, le travail des enfants était courant. Prenons le cas des verriers.

— Eugénie a épousé un verrier !

— Eh bien, tu vois, il a certainement connu le même sort que ces petits Bretons qu'on employait pour porter le verre et qu'on cachait au moment de l'inspection parce qu'ils n'avaient pas l'âge requis !

— Comment les parents pouvaient-ils les laisser faire une chose pareille ?

— Ce sont souvent les pères, ouvriers dans le même lieu, qui faisaient entrer leur fils pour un complément de salaire dont la famille avait besoin. Et puis, de façon plus tragique, beaucoup d'enfants qui venaient des hospices et qui étaient là à la suite de ce qu'on appelait alors un « placement industriel ».

— On a vraiment encore besoin de parler de ça ?

Ronan était revenu avec un plateau sur lequel il avait posé l'eau demandée mais également une bouteille de vin et trois verres ainsi que des biscuits apéritifs. Il lança un regard de désapprobation à Erwan qui, pris par son sujet, ne le remarqua pas.

— Mais chéri, ça m'intéresse !

Je voyais bien que mon époux allait tout faire pour qu'on change de sujet. Je sentais qu'il commençait à désapprouver ma curiosité pour ces éléments de mon passé. Et mon malaise n'arrangeait pas les choses. J'essayais de trouver un compromis.

— Erwan me parlait de la spécificité de la Bretagne par rapport au travail des enfants. Tu vois, on ne parlait même pas de Léonie !

À nouveau, Ronan tenta de capter le regard de son ami mais n'y parvint pas. Croyant l'incident clos, il enchaîna.

— La proximité de la mer et donc le travail sur les bateaux par des garçons âgés de 10 à 13 ans est peut-être moins connu. Tu devrais faire un tour au Musée de Bretagne, tu verrais combien ces pauvres gosses vivaient dans des conditions effroyables. Ils étaient chargés des tâches les plus ingrates comme laver le pont et les poissons, réparer les voiles et préparer les repas, le tout sous les coups et les insultes. Le mousse était la victime parfaite ! Souvent orphelin, personne ne se préoccupait de sa santé ou même de sa survie. Chaque erreur était châtiée et la souffrance était autant morale que physique.

— Le monde des marins est un monde à part, intervint Ronan. Tu nous parles des Bretons, mais le sort peu enviable des mousses était probablement identique de Dunkerque à Marseille !

— Tu marques un point ! Cela dit, je préfère parler uniquement de ce que je connais. Et à l'époque, c'est dans ce milieu qu'on touche le fond, sans faire de mauvais jeu de mots !

— Comment ça ? demandais-je, tout en me disant que finalement Léonie avait peut-être eu la chance d'être une fille !

— Eh bien, je ne veux pas noircir le tableau mais beaucoup de mousses ne revenaient pas de leur périple en mer. Entre suicide, agressions sexuelles, humiliations, coups et les fameux « il est tombé à la mer », peu s'en sortaient. Il y a maintenant beaucoup de littérature à ce sujet mais au moment des faits on n'en parlait pas. Le capitaine faisait la loi à bord et les menaces étaient facilement mises à exécution pour celui qui osait se plaindre ou moucharder en revenant à terre.

— Et dire qu'on appelait ça la Belle Époque !

— Oui mais parce qu'il y a eu aussi beaucoup de positif ! Dont ta grand-mère a indirectement profité !

— Par exemple ?

— Eh bien, j'en reviens à son existence même, au fait qu'elle ait survécu à l'abandon.

Tu sais que peu de temps avant sa naissance, les hospices disposaient d'une « tour », en fait un tourniquet dans lequel la mère déposait son enfant côté rue. Quand le mécanisme se refermait, une cloche prévenait le personnel qu'un bébé avait été abandonné. Il y en avait dans toute la France, en Bretagne comme ailleurs. Tu imagines bien que les enfants avaient peu de chance de survivre ! Et ce n'est que sous la Troisième République que la tutelle des enfants sera confiée à l'État, que les tours d'abandon seront supprimées, et que l'Assistance publique va peu à peu mieux encadrer ses pupilles.

— Qu'est-ce qui change ?

— Le département doit débloquer des fonds pour l'accueil et l'entretien des enfants. Peut-être trouveras-tu dans le dossier de Léonie ce qu'on appelait un « compte de tutelle ». C'est de l'argent placé pour elle sur un compte et qu'elle pourra récupérer à sa majorité. Et puis nous venons de parler de l'école. C'est une avancée majeure. L'enfant est enfin reconnu comme une personne, et non plus une charge ou un outil de production. Tu as dit toi-même que sans cela Léonie aurait été dans l'obligation de travailler et n'aurait reçu aucune instruction.

— C'est vrai, il faut voir le bon côté de cette période.

— Ce dont elle va bénéficier ce sont surtout les progrès immenses dans le domaine médical. Les découvertes de Pasteur et de Koch vont mettre du temps avant la mise en pratique. Mais les vaccins et les antibiotiques arrivent tout doucement et vont révolutionner la médecine. Il ne faut pas systématiquement te fier à la date des événements qui concernent Léonie le jour même, mais plutôt te référer parfois à ce qui est antérieur et dont les effets vont lui être profitables. Tout met du temps à se mettre en place.

— Tu as raison.

— Allez, je vous propose de trinquer à la « Belle Époque » !

Comme souvent, Ronan voulut donner un tournant plus léger à nos conversations ! Il servit donc l'apéritif et nous échangeâmes des banalités sur la météo, les plantations du jardin et les travaux d'agrandissement de la maison. Mais je ne pouvais m'empêcher de voir défiler dans ma tête les images perturbantes de tout à l'heure. Léonie était bien réelle à ce moment-là et je pressentais qu'elle viendrait encore souvent hanter mes jours et mes nuits.

Chapitre V

Notes d'inspection

6 mai 1915 :
Vue. Bon sujet. Bien portante. Bon placement. Très bonne santé. Proprement tenue.

J'ai repris le dossier transmis par les Archives du Nord. Léonie avait 12 ans quand les notes d'inspection ont commencé. Cela devait être la conséquence de la mise en place de nouvelles mesures de suivi des enfants placés.

Même si le rapport me parut laconique, il avait au moins le mérite d'être rassurant. Les mots « bon sujet » m'ont choquée, bien sûr, et je me demandais quels étaient les critères d'observation que devaient utiliser ces « inspecteurs ».

***

Il y a même une photo de toi dans le dossier.
C'est la seule que j'aurais jamais de toi.

Tu souris presque sur cette photo et tu regardes l'objectif droit dans les yeux.

Il y a une certaine beauté dans ce visage, une détermination également.

***

Mai 1915. La guerre faisait rage depuis près de 9 mois

À 12 ans, tu étais en âge de comprendre. Et les instituteurs de l'époque étaient chargés de vous inculquer les valeurs patriotiques indispensables. L'ensemble des programmes scolaires était en lien avec les événements militaires. Quand j'ai passé mon concours de professeur des écoles, l'histoire de l'éducation nationale était obligatoire.

En lisant les textes, nous imaginions les élèves de la classe piquer les petits drapeaux français et alliés sur les cartes de géographie accrochées au tableau. Tout était bon pour stimuler l'esprit patriotique des enfants. Dans la cour de récré, les garçons jouaient à la guerre et les filles pansaient leurs blessures. Parfois, elles comptaient les morts.

Au moins à l'école, tu avais chaud et quand, pendant les travaux saisonniers on t'a forcée à rester à la maison pour aider dans les champs, tu avais sans doute le cœur gros. Et on t'a bien dit de faire attention. Les Allemands étaient partout. On t'a inculqué la « haine du boche ». Une fille de ton âge serait une proie facile.

La violence avait envahi le pays et au traumatisme de l'abandon s'est ajouté celui de la guerre.

3 juin 1916 : retirée de son placement où elle était maltraitée par la décision du 13 mai et replacée par les soins de la mairie de Bachy.

Maltraitée ? Mon Dieu, Léonie, que t'ont-ils fait ?

Que s'est-il passé pour que cet homme juge inacceptable ce qui t'était infligé ?

Les corrections physiques des enfants étaient monnaie courante à l'époque et totalement acceptées. Coups de ceinture, coups de martinet, de bâton ou de balai, humiliation en tout genre, rien n'était choquant pour cette génération de parents ou de tuteurs. Jusqu'où ces gens sont-ils allés pour franchir la limite du tolérable ?

S'agissait-il de maltraitance physique, de coups, de mauvais traitements, ou de maltraitance sexuelle ? Et comment l'inspecteur l'a-t-il su ? Dénonciation ? Visite inopinée et bleus sur ton corps ? À quel moment sont-ils passés de l'acceptable à l'intolérable ?

Léonie, ton image se superpose dans ma tête à celle de *Cosette*, ma référence littéraire dans le domaine de la souffrance enfantine de l'époque, confrontée à la dureté des adultes. Rousse comme *Poil de carotte*, abandonnée comme *Rémi*, tu n'es pourtant pas un personnage de fiction.

Tu es MA grand-mère, et même si tu n'as que 13 ans, ton sang coule dans mes veines et je souffre pour toi. Disparue la vision de la petite écolière espiègle, tu m'apparais soudain en haillons, un balai à la main.

Léonie, parle-moi ! Tu me regardes et je vois des éclairs dans tes yeux. Aucune soumission de ta part. Tu n'as pas honte, tu refuses de subir plus longtemps et tu communiques avec moi uniquement par ces deux émeraudes remplies de haine et de vengeance. Tu les as dénoncés, c'est toi, je le sens. Tu ne les laisseras pas t'humilier plus longtemps, tu leur feras payer leur méchanceté.

Méchante, qui a dit méchante ?

28 novembre 1917 : rentrée autorisée sur demande de la nourrice qui craint de ne pouvoir donner le nécessaire à la pupille pendant l'hiver.

La pupille ! Jamais ils ne peuvent écrire ton nom ? Tu t'appelles Léonie, est-ce si difficile pour eux d'humaniser leur rapport d'inspection ?

Novembre 1917. La guerre fait rage depuis trois ans maintenant. Le spectre menaçant de la mort s'est abattu sur notre pays et les campagnes ne sont pas épargnées. Déjà sans repère puisque dépourvue de parents, tu as dû subir le départ des hommes autour de toi, ceux qui travaillaient pour que tu survives.

Tu as ressenti la peur de perdre le peu de stabilité que tu avais, le peu de référence auxquelles tu pouvais te raccrocher. Après trois ans de guerre, le manque de nourriture et de charbon atteint toutes les maisons. Les Allemands ont réquisitionné tout ce qu'ils pouvaient, céréales, animaux, légumes du potager, il ne reste plus rien pour se nourrir.

Si la famille qui t'a accueillie craint de ne pouvoir te donner le nécessaire, c'est qu'elle n'a presque plus rien pour ses propres enfants. Personne ne peut lui en vouloir. À l'épreuve de l'abandon, se sont ajoutées celles de la faim, de la peur et du froid. Les femmes sont devenues chefs de famille et la décision de se séparer de toi n'est pas surprenante. C'était probablement une question de survie.

À 14 ans, tu suivais sans doute les événements. On t'a dit que les Américains étaient à présent dans le conflit et qu'il fallait reprendre espoir.

Alors, sur décision de l'inspecteur, tu es « rentrée » ! Il n'a pas dit « retourner » ou « aller », mais bien « rentrée ». L'Hospice était ta maison, ton ancrage.

Difficile pour moi de savoir comment les enfants étaient nourris et soignés et dans quelles conditions ils vivaient dans un Hospice pendant la guerre. Car si la nourriture est rare dans les campagnes, vivre à Lille signifiait être en danger permanent. Totalement occupée dès 14, elle le sera pendant 4 ans et 4 jours. Les habitants ont même dû changer l'heure de leur montre car elle était réglée sur celle de Berlin ! Pillages, réquisitions, tout est bon à prendre pour l'occupant, même les matelas des hôpitaux ! Les conditions sanitaires et alimentaires sont éprouvantes et les bombardements détruisent la ville peu à peu.

Mais ce que je sais c'est que tu as survécu.

Non seulement tu étais solide physiquement mais tu devais posséder un moral d'acier pour vivre dans ces conditions. Tu continuais à te battre. Par instinct de survie ?

Tu n'avais que 14 ans et tu savais déjà que seuls les plus forts résistent. On t'avait abandonnée, humiliée, battue, affamée, rejetée. Et tu persistais à faire front, à te battre. Tu te forgeais une carapace. On te disait méchante, insensible, grossière, sans doute malhonnête, mais que faisaient-ils eux, pour t'aider à vivre ? Rien. Alors tu faisais ce qu'il fallait. Rien de plus.

C'est à ce moment-là que tu t'es mise à écrire.

***

Je t'ai vu écrire la lettre ; méchante femme.
Je ne resterai pas chez toi.
Tu me traites mal.
Je te déteste.

Je ne sais pas à quoi je m'attendais en ouvrant le cahier de Léonie. Peut-être à ses peines de cœur, ses premiers émois de jeune fille, ses confidences.

Au lieu de cela, dès la première page, un texte dont la violence m'a frappée en plein cœur.

Quatre phrases, très courtes, non datées.

Seul repère, l'année 1919, sur la page de garde, à côté de son prénom.

Encore un nouveau placement, apparemment pas très réussi.

Je cherchais dans le dossier des Archives si la lettre dont parlait Léonie avait été envoyée. Et effectivement, à la date du 13 mai 1919, je trouvais ceci :

Lille, le 13 mai 1919

Monsieur l'inspecteur,

Il m'est impossible de garder plus longtemps chez moi Léonie Houart pour cause de mauvais caractère et de brutalité. Je vous préviens donc par la présente de sa rentrée prochaine à l'Assistance publique.

Ayant besoin d'une domestique car je travaille à la pharmacie, je vous prierais de bien vouloir m'en confier une autre aux mêmes conditions, mais surtout moins violente et moins têtue.

Recevez, Monsieur l'Inspecteur, mes bien sincères remerciements et salutations.

F. Coeneur

À la date du 23 mai 1919, la note d'inspection est la suivante :

Vu la pupille et la maîtresse. La pupille se plaint du travail exagéré et des insultes de Madame Coeneur. Cette dernière du caractère et de la nonchalance de Léonie Houart. La rentrée de la pupille est autorisée.

Nouveau retour à l'Hospice, donc. Je me posais des questions sur ce qui avait motivé cette rébellion et je me renseignais sur la vie de ces bonnes qu'on engageait dans les maisons bourgeoises.

Des recherches m'apprirent quelles étaient les conditions de travail des domestiques en ce début du XXe siècle. Je consultais entre autres le témoignage de Paul Chabot « Jean et Yvonne, domestiques en 1900 ». Et ce que j'y ai trouvé m'a laissée perplexe.

Levée à 6 heures, la servante allumait le poêle, préparait les petits déjeuners, brossait les habits de ses maîtres et maîtresse, apportait les brocs d'eau dans les cabinets de toilette, faisait les chambres, descendait les ordures, remontait le charbon, mettait le couvert, servait à table, repassait les vêtements et brossait les carrelages, frottait le plancher et cirait les parquets. Quand elle avait de la chance, le linge était fait à l'extérieur. La journée de travail était longue, elle pouvait varier de 15 à 18 heures et le droit du travail était inexistant.

Corvéable à merci, on lui demandait un dévouement absolu. Elle n'avait aucune vie personnelle et disposait uniquement de quelques heures de libre le dimanche pour aller à la messe et voir sa famille si elle en avait. Si les patrons avaient suffisamment d'argent, ce n'est pas la bonne qui s'occupait des enfants, c'était la nourrice, qui bénéficiait ainsi d'un statut plus élevé. Elle disposait d'une chambre qu'elle partageait avec les enfants de la famille.

Souvent logée sous les combles, la bonne n'avait ni eau ni chauffage et sa nourriture était déduite de ses gages. En province, où le fameux 6e étage n'existait que rarement, la famille ne disposait pas de pièce pour la loger. On posait un matelas dans un recoin de la cuisine, à la cave, dans un placard, enfin là où elle ne dérangeait personne.

La bonne était souvent soumise aux désirs de son patron ou du fils de celui-ci. Si elle tombait enceinte, elle était renvoyée et allait dans 50 % des cas, rejoindre le flot des prostitués dans les rues des grandes villes. C'est probablement ce qui est arrivé à Eugénie, d'où l'abandon de son enfant et son retour dans sa ville natale.

La domestique fut l'oubliée du progrès social après la Première Guerre mondiale.

***

Insoumise et rebelle, Léonie ne semblait pas prête à accepter son sort. D'autres étaient plus résignées, et les filles de l'Assistance Publique devaient fournir une manne de personnel quasi interchangeable puisque la pharmacienne en demanda « une autre ».

Lire un texte décrivant les mœurs de l'époque est une chose.

Mais imaginer son aïeule, à l'âge de 16 ans, corvéable à merci, insultée et maltraitée par une autre femme dont la légitimité à agir ainsi lui était procurée par son argent et son statut social me mettait hors de moi. Cette femme n'avait probablement pas traité Léonie différemment des autres. Mais les bonnes n'avaient aucun droit, et certainement pas celui de se plaindre.

Cependant, ma grand-mère ne l'entendait pas ainsi.

C'est ce qu'a confirmé le rapport d'inspection suivant, daté du 3 septembre 1919 :

Fille en bonne santé, travail assez satisfaisant. Très mauvais caractère, ne supporte aucune observation. N'a formulé aucune plainte digne d'être retenue. Sujet difficile.

J'aimais beaucoup la formulation « digne d'être retenue » ! Autrement dit, tant que le travail demandé, même s'il était trop conséquent pour une enfant de cet âge, rentrait dans le cadre de ce qui était la norme de l'époque, la pupille n'avait pas le droit de se plaindre.

J'étais dans mes pensées quand un bruit m'interpella. C'était la sonnerie de la porte d'entrée. Mon premier réflexe fut de ne pas bouger, ne pas signaler ma présence.

J'étais avec mon aïeule et je ne voulais pas que quiconque interfère dans ma relation avec elle. Ce retour vers le passé occupait mon esprit et prenait tout mon temps. Léonie m'obsédait. Du moins, c'est le terme qu'employait Ronan qui commençait à voir d'un mauvais œil ce qu'il appelait mes « absences ».

J'avais effectivement renouvelé mes malaises, qui à chaque fois correspondaient à une vision dans laquelle Léonie m'apparaissait, me parlait, m'invitait à la suivre, me défiait du regard avec ses deux pierres précieuses qui me transperçaient.

Durant ses apparitions, ses yeux étaient beaucoup plus beaux, plus lumineux, plus éclatants que les miens. Sa chevelure rousse plus brillante. Le reste de son corps restait toujours dans les tons gris. Ronan avait compris que mes états de quasi-transe correspondaient à des moments où nous étions reliées l'une à l'autre, durant lesquels nous communiquions en silence.

Elle me parlait rarement et quand elle le faisait c'était toujours un chuchotement. Je l'avais priée de ne pas venir quand mon mari était là mais elle n'en avait cure. Elle apparaissait et disparaissait à sa guise, sans tenir compte de mes désirs.

Ronan ne supportait pas ce lien qui nous unissait l'une à l'autre. C'est vrai que je ne sortais plus, refusais les invitations à l'extérieur et ma seule occupation consistait à me plonger dans les divers documents qui me parlaient d'elle. Je voulais la comprendre car je savais en mon for intérieur qu'accepter son passé me permettrait d'accepter le mien.

— Oui, oui, j'arrive !

J'avais reconnu la voiture de mon amie Lise dans l'allée. Toujours par monts et par vaux pour son travail de commerciale à l'international, elle revenait du Brésil et m'avait prévenue qu'elle passerait me dire bonjour.

Nous nous étions rencontrées lors d'un cycle de conférences sur l'histoire de l'art, peu de temps après mon arrivée en Bretagne et notre amitié durait depuis toutes ces années.

C'était une très jolie femme, blonde, élancée, de beaux yeux bleus, du genre qui fait tourner la tête de tous les hommes présents dans une pièce et qui rend les femmes jalouses. Compétente dans son métier, cela ne l'empêchait pas d'utiliser son charme pour obtenir ce qu'elle voulait. Elle était à la tête d'un groupe de conseillers commerciaux dans une grande entreprise, ce qui impliquait d'innombrables séjours à l'étranger. Mais cette situation lui plaisait. Ne pouvant avoir d'enfant et mariée à un grand chirurgien rarement présent à la maison, ils avaient trouvé tous deux une forme d'équilibre dans leur relation qui les satisfaisait, même si l'un et l'autre s'accordaient parfois quelques libertés. Elle était marraine de notre fils et quand il était petit nous devions veiller à ce qu'elle ne l'inonde pas de cadeaux à chaque retour de voyage.

Son monde était aux antipodes du mien mais c'était peut-être cela qui nous avait rapprochées. Aucune compétition entre nous, nous pouvions nous confier l'une à l'autre, sans tabou. Son amitié m'était précieuse et ses conseils avisés m'avaient souvent été fort utiles. Chez moi, je pense qu'elle trouvait une certaine stabilité. Elle savait qu'elle pouvait compter sur moi, que je répondrais toujours présente. Je pense qu'elle aimait ce qui était en fait mon plus grand défaut. Mon manque de folie, mon refus de tout changement. J'étais la même qu'il y a 20 ou trente ans. Adolescente extrêmement rebelle, jeune adulte au parcours tourmenté, j'avais étouffé en moi toute forme de révolte en rentrant en France.

Avec Ronan, nous ne parlions jamais du passé. À chacun ses secrets.

— Entre ! Tu es toujours aussi radieuse ! Comment fais-tu pour te maintenir aussi en forme ?

— C'est un travail permanent, crois-moi, répondit-elle en riant. En revanche, toi tu as une petite mine ! Le bon air breton n'est plus suffisant pour éclairer ton teint ? Tu devrais demander à ton mari d'aller quelques jours au soleil.

Je fis la moue. L'idée de m'éloigner de Léonie m'était insupportable. Je vis Lise jeter un coup d'œil à la table du salon encombrée de tous les documents que je consultais quotidiennement.

Elle me suivit dans la cuisine, s'assit sur un tabouret et me dévisagea. Je connaissais ses goûts et mis l'eau à chauffer pour le thé tout en soutenant son regard.

— Il est bientôt midi, tu manges avec moi ? Je n'ai pas grand-chose mais je vais bien trouver de quoi nous faire une petite salade composée. Ronan mange à la fac.

— Ok, bonne idée, ça me changera de la nourriture des restaurants et des avions !

— Plains-toi !

— Je ne me plains pas, je dis seulement qu'un peu de légumes frais me feraient le plus grand plaisir ! Et le plus grand bien, aussi !

Nous bûmes notre thé en silence. Mais Lise était tout sauf quelqu'un d'introverti. Je savais que quelque chose n'allait pas.

— Lise, qu'est-ce qui se passe ? Parle-moi, voyons ! C'est Yoann ? C'est ton boulot ?

Au bout d'un moment, elle craqua. Je savais qu'elle ne tiendrait pas longtemps.

— Non, c'est toi.

— Comment ça, c'est moi ?

— En fait, je ne suis pas passée par hasard. C'est Ronan qui me l'a demandé.

— C'est n'importe quoi ! Et pourquoi ?

— Il s'inquiète pour toi ! Écoute Ninette, ne m'en veux pas, mais ça ne te ressemble pas de rester enfermée dans ta maison, de ne plus voir tes amis. C'est normal qu'il se fasse des soucis. En plus, il m'a dit que parfois tu déconnectais !

— C'est ça qu'il a dit ? « déconnectais » ? Mais non, au contraire, quand Léonie m'appelle, je me connecte avec elle, c'est tout l'inverse !

Lise me regarda mais ne fit aucun commentaire. Je lui expliquais comment ces moments étaient privilégiés pour moi.

— Et tu en es où avec tes recherches ? Tu arrives à quelle date ?

— En 1919. Elle est ballottée de placement en placement avec des allers-retours à l'Hospice.

— Elle n'a que 16 ans !

— Oui, c'est ce qui me touche quand elle m'appelle. Tu te souviens de nos 16 ans, à nous ?

— L'adolescence dans toute sa splendeur !

— On était au lycée. On avait enfin quelques libertés ! Les parents n'étaient plus sur notre dos constamment à nous dire ce qu'il fallait faire, et surtout ce qu'on n'avait pas le droit de faire !

— Et les fringues, tu t'en souviens ?

— J'avais un pantalon pattes d'eph bleu roi ! T'imagines porter ça maintenant ?

— Et les premières clopes en cachette ?

— Oh oui, et qu'est-ce qu'on avait peur de se faire gauler !

— Oh là là, et les discussions sans fin avec mon frère qui ne voulait plus aller chez le coiffeur. C'était sa façon à lui de se rebeller. Quand on regarde les photos maintenant, on est morts de rire !

— Et la musique ! On écoutait les Eagles et les Stones, même si on ne comprenait rien !

— Pour moi, c'étaient les premières fois au ciné sans mes parents. J'y allais après les cours et je disais que j'étais restée à l'étude faire mes devoirs.

— Et les garçons ! Tu te souviens de ton premier flirt ? Moi, il s'appelait Guy ! On allait se cacher pour s'embrasser !

Nous restâmes pensives toutes les deux, plongées dans nos souvenirs d'ado. Puis Lise me demanda :

— Tu m'as dit qu'elle écrivait un journal ?

— Oui, enfin c'est un bien grand mot. Il n'y a que quelques pages. J'ai lu la première, mais c'était tellement triste que je ne suis pas allée plus loin.

— Je peux le voir ?

J'hésitais.

Même si Lise était mon amie la plus proche, j'avais du mal à « partager Léonie ». C'était comme me mettre à nue. Montrer une partie de moi que je n'avais dévoilée à personne. Car Léonie vivait en moi, et moi en elle. Ne trouvant aucun argument, j'allais chercher le cahier d'écolier fragile que j'avais recouvert pour ne pas l'abîmer. Lise n'était pas aussi méticuleuse que moi. Je prenais les documents un à un, dans l'ordre des dates et je les étudiais.

Quand je la vis feuilleter le cahier, s'arrêter sur une page puis revenir vers d'autres, je ne sais pas pourquoi mais cela me désorienta. J'avais envie de lui reprendre des mains cet objet qu'elle désacralisait en violant l'ordre chronologique des textes.

— Tu as vu ses poèmes ?

— Quels poèmes ?

— Eh bien, je ne sais pas comment appeler ça autrement. Tu sais on dirait des haïkus, ces petits poèmes japonais qui ne riment pas. Attends, je t'en lis un au hasard :

Une fenêtre ouverte
Un nuage qui passe
Et moi qui m'envole

— C'est beau, non ? Et ça n'est pas triste. Il y a de l'espoir, et comme un désir de liberté. Tu vois finalement, elle n'était pas très différente de nous au même âge. Nous aussi nous rêvions de liberté.

Lise continua son exploration.

— Et celui-là écoute :

Tous les jours je te vois et je t'espère
Tu marches dans la rue
Mais où vas-tu ? Je t'attends.

— Peut-être avait-elle rencontré quelqu'un ?

J'ai dit ça au hasard. J'avais juste envie qu'elle arrête.

— On dirait bien. Il y en a deux autres sur la même page :

J'ai croisé ton regard
Tes yeux plongés dans les miens
Mes pieds sont rentrés dans le sol

Une flèche dans mon cœur
Je saigne. Tu me fais mal
Pourquoi ?

— Il n'y a pas de date ?
— Non. C'est très curieux.

Lise referma le cahier et me le tendit avec un petit sourire. Je pense qu'elle prit conscience que sa démarche était trop intrusive. Elle avait pénétré le jardin secret de Léonie sans avoir la permission d'y entrer. Cet univers n'était pas le sien. Elle le comprit à ce moment-là.

Pour la première fois peut-être, il y eut un malaise entre nous. Je m'emparais du cahier avec délicatesse et le remis sur la table, avec les autres documents. Il y eut un silence.

Je n'osais pas lui dire mais je voulais qu'elle parte. Léonie m'attendait. Elle voulait me parler, j'en étais persuadée. Elle était là, tapie dans un coin, n'osant pas se montrer à une *étrangère*. Mais je sentais sa présence.

Il fallait que je sois seule.

Je VOULAIS être seule.

Maintenant.

Lise le perçut clairement.

— Bon, je vais y aller, j'ai une tonne de choses à faire !

Elle se leva, prit son manteau et son sac puis son geste resta en suspens, comme si elle souhaitait me dire quelque chose mais ne trouvait pas les mots. Je fis comme si de rien était.

— D'accord, on se voit bientôt. Et tu peux rassurer Ronan, je vais bien !

Je n'étais pas sûre qu'elle fut tout à fait en mesure de tranquilliser mon mari après ce qui venait de se passer mais j'avais besoin que mon entourage cesse de me juger et tente de m'arrêter dans ma quête. Aussi je lui fis un grand sourire pour lui prouver que mon équilibre mental n'était pas atteint.

Elle me rendit mon sourire et s'éloigna lentement vers sa voiture.

Je me dépêchais de rentrer.

Léonie était là. Elle m'attendait.

Pour la première fois, elle était venue *chez moi*, dans l'intimité de mon lieu de vie.

Nous fîmes le tour des pièces, je sentais son souffle derrière moi. Je lui montrais ma maison avec fierté. C'est grâce à toi si je suis là, regarde ce que j'ai fait de ma vie.

Je gardais la chambre pour la fin.

Quand nous pénétrâmes dans la pièce, elle s'allongea sur le lit. Je remarquais alors que ses vêtements n'étaient pas gris comme d'habitude. Sur ses bas noirs épais qui cachaient ses jambes, elle avait une petite robe bleue avec de jolies fleurs, qui me parut familière.

Puis je me souvins.

C'était Elle qui me l'avait offerte.

À nouveau, elle eut ce regard, perçant, un rien perfide, qui, planté dans le mien, m'hypnotisait. Non, Léonie, ne fais pas ça ! Elle prit des pans entiers de sa robe et les déchira, tout en continuant à me fixer.

Tu es méchante, Henriette, méchante. Tu as abîmé ta robe toute neuve. Tu l'as fait exprès, j'en suis sûre. Pourquoi tu as fait ça ? Tu fais tout pour m'embêter, va-t'en, je ne veux plus te voir !

Léonie se mit à rire. Je poussais un cri et me jetais sur elle.

Quand je revins à moi, j'étais allongée tout habillée sur le lit, la tête dans l'oreiller trempé de larmes. Mon premier réflexe fut de me retourner pour regarder l'heure sur la petite pendule de la table de chevet. Ronan allait bientôt rentrer. Je décidais de prendre une douche. Je n'aurais qu'à prétexter des travaux salissants au jardin. Dans la salle de bain, je me regardais dans le miroir tout en me déshabillant. J'avais peine à me reconnaître. Mon visage portait les traces des plis de l'oreiller, mes cheveux étaient mouillés par les pleurs et j'avais dans le regard une telle tristesse, une telle mélancolie, que j'avais du mal à identifier cette autre moi-même. Je me souvenais à peine de ce qui s'était passé. J'avais du mal à donner du sens à ce que je voyais. Tout allait très vite. Les images se superposaient. Léonie, ma mère et moi. Aucun lien de filiation entre elles deux. Seule la méchanceté les réunissait. Et m'unissait à elles.

J'entendis la porte d'entrée et je fis couler l'eau précipitamment avant que mon mari ne m'appelle. Je restais un bon moment ainsi, troublée, confuse, dans un tourbillon d'émotions dont je n'arrivais pas à me remettre. Puis le liquide chaud et réparateur m'envahit et je retrouvais mes esprits.

Je sortis de la douche, m'habillais, pris le temps de me maquiller et proposa à Ronan de sortir dîner, ce qu'il accepta avec joie.

Ce soir-là, nous ne parlâmes pas du passé. Ronan évoqua les vacances et je rentrais dans son jeu, énumérant des pays que nous n'avions pas encore visités et qui le tentaient bien de découvrir. Je connaissais son goût pour les voyages. Ses yeux brillaient dès que nous évoquions une destination lointaine. C'était un jeu entre nous et je voulais tellement lui faire plaisir que j'y jouais avec application.

Nous nous mîmes finalement d'accord pour Madagascar. Une fois la destination choisie, je savais qu'il m'incombait l'entière organisation de notre périple. Je connaissais ses préférences. Partir hors des sentiers battus, aller si possible à la rencontre des locaux, découvrir la nature et la culture du pays sans faire partie d'un groupe, voilà la façon dont nous aimions voyager, en déconnexion totale avec notre environnement actuel. Il mettait tellement d'enthousiasme à imaginer notre prochaine escapade que je le soupçonnais de vouloir m'éloigner ainsi de mon obsession pour mes ancêtres. Lise avait raison, il était vraiment inquiet pour moi. Il est vrai que je ne l'avais pas habitué à ce genre de transgression depuis que nous étions mariés. Mon quotidien était partagé entre veiller au bien-être de notre famille et assurer mon métier d'enseignant. Depuis que j'avais cessé mon travail, il y a de cela cinq ans, mes activités quotidiennes étaient toutes jugées normales et inoffensives. Le sport, le club de lecture et l'histoire de l'art ne présentaient aucun danger pour mon état mental.

La recherche de mon passé et la communication avec l'au-delà ne rentraient pas dans les critères de ce qu'il jugeait acceptables comme préoccupations pour son épouse ! Je décidais donc d'éviter d'aborder le sujet avec lui et de faire un effort pour reprendre un semblant de vie sociale, davantage conforme à ses attentes.

***

Mais Léonie restait dans ma tête. Je me demandais ce qu'une fille de 16 ans pouvait faire à cette époque pour se distraire. Elle avait peu de moyens mais percevait néanmoins un petit salaire. Comment le dépensait-elle ? Je trouvais peu de réponses sur internet et décidais de contacter Erwan pour obtenir de plus amples informations.

Il vint donc me rendre visite le lendemain après-midi. L'heure choisie me dérouta quelque peu car Erwan ne venait jamais en l'absence de Ronan. Je ne fis cependant aucun commentaire. J'étais heureuse de pouvoir partager mes interrogations du moment avec quelqu'un, car en parler était devenu quasiment tabou à la maison.

Comme à son habitude, il entra de suite dans le vif du sujet.

— Léonie a vécu à une époque passionnante, n'oublie pas qu'on a appelé ça *Les années folles*. Les gens voulaient oublier le traumatisme de la guerre et de l'épidémie de grippe espagnole. Côté musique, les soldats américains ont fait découvrir le jazz aux Français qui ont eu envie de faire la fête, de danser, et de croire en l'avenir.

— Et tu penses qu'elle a pu en profiter ?

— Honnêtement, je ne pense pas. D'abord, les années folles ont surtout existé à Paris et dans les grandes villes. Les boîtes de Jazz, les revues, les théâtres de boulevard, tout ça n'était pas à la portée d'une jeune fille de 16 ans, qui plus est sans argent. Par contre, elle a peut-être fréquenté certains bals du samedi soir. Mais elle était encore très jeune. N'oublie pas qu'elle ne sera majeure qu'à 21 ans, donc en 1924. Or si le sort des enfants évolue quelque peu en ce début de siècle, celui de la femme n'a pas beaucoup progressé. Elle dépend encore entièrement de son mari. Pour progresser socialement, tout ce qu'elle peut faire, c'est épouser quelqu'un de correct qui la respecte. Ce serait déjà bien.

Mais tu n'as qu'à lui demander, me dit-il d'un air malicieux. Ronan m'a dit que tu communiquais avec elle.

Je regardais Erwan à la recherche d'une trace de raillerie ou de sarcasme. Mais non, il avait plutôt l'air envieux.

— Ce n'est pas aussi simple. Ce sont plutôt des souvenirs que nous avons en commun.

— En commun ?

— Oui, c'est difficile à expliquer. Mais quand je la vois, c'est qu'elle veut partager quelque chose avec moi qui me concerne également. Comme si nos deux mémoires se superposaient. Et parfois, je ne sais plus qui je suis.

Erwan me regardait intensément.

— Tu penses que je deviens folle, c'est ça ?

— Non, non, pas du tout. J'essaye simplement de comprendre. Il n'y avait dans sa voix ni rejet ni ironie. On aurait dit qu'il essayait vraiment de se mettre à ma place et je lui en étais reconnaissante.

Nous reprîmes notre discussion sur cette période entre deux guerres, sur ces années folles qui virent des artistes comme Maurice Chevalier, Mistinguett et Joséphine Baker figurer parmi les vedettes du music-hall. Il était effectivement peu probable que Léonie eût accès aux œuvres picturales d'un Picasso, Chagall, Monet, Degas ou Cézanne. Amatrice d'histoire de l'art, je connaissais cette période puisqu'elle avait vu naître des talents comme Matisse, Gauguin ou Van Gogh. Mais ils étaient bien loin de l'univers d'une pupille de l'Assistance publique, domestique chez une pharmacienne !

Pour la première fois, je décidais de partager mes documents avec quelqu'un. Erwan semblait à l'écoute et nous décidâmes de nous plonger dans les documents d'Archives du Nord, qui listaient les placements de Léonie, année après année, mois après mois pour certains. C'était un travail fastidieux de déchiffrage. L'écriture était ancienne, les documents tachés, certaines dates étaient incomplètes mais nous réussîmes à reconstituer son parcours.

Loin des plaisirs de la vie parisienne, loin des magnifiques œuvres d'art, de la musique de jazz et des revues dans les clubs à la mode dans les grandes villes, Léonie continuait son travail de domestique. À la merci des patrons et patronnes dont elle dépendait, elle était ballottée de placement en placement. Son caractère rebelle ne facilitait pas les choses.

Après la pharmacienne, c'est chez Madame Barat, proviseur au lycée Faidherbe de Lille, que la jeune fille fut servante. Aucun rapport d'inspection dans les archives, mais elle fut très rapidement congédiée et envoyée à l'« Établissement dépositaire d'Esquermes ».

Je me renseignais donc sur cet endroit dans lequel on avait pu envoyer une jeune fille de 17 ans.

En 1906, le bâtiment avait été acheté par le préfet qui créa La Clinique Départementale d'Esquermes. On y trouvait des cures de repos, régimes, traitement de la neurasthénie, électrothérapie, hydrothérapie, etc. Les patients aisés résidaient dans des suites confortables, les autres étaient en dortoirs. En annexe existait le Dépôt des enfants abandonnés et assistés. C'est probablement là qu'elle fut enfermée. Les enfants avaient la vie dure. Les déficients mentaux, les handicapés, les sans familles, tous étaient hébergés ensemble, dans des locaux surpeuplés et sans confort.

Heureusement, il semblerait que Léonie n'y soit restée que quelques semaines. Au mois de juillet, elle fut placée chez une certaine Madame Bruchet chez laquelle elle resta environ six mois. Hélas, les choses ne se passèrent pas très bien et l'inspecteur de l'Hospice fut appelé pour constater les problèmes.

Rapport d'inspection du 10 décembre 1920 :

Sur la demande de Madame Bruchet qui se plaint du caractère, de la grossièreté, des défauts de propreté et d'ordre de sa domestique, vu la pupille qui reconnaît que les reproches sont fondés. Elle n'a aucun grief à faire valoir contre Madame Bruchet et désire rester sur ce placement. Madame Bruchet fera un nouvel essai et dans le cas où la pupille ne tiendrait pas sa promesse, elle rentrerait au dépôt et serait placée loin de Lille dans les Flandres.

Le nouvel essai ne fut apparemment pas concluant puisque fin février, c'est le retour à « l'Établissement dépositaire d'Esquermes ». Elle y restera deux semaines et je ne saurai jamais ce qui s'est passé dans cet endroit mais on peut facilement imaginer les mauvais traitements que devait subir une jeune fille de 17 ans, dans de telles conditions d'hébergement, dans la promiscuité avec d'autres jeunes gens désorientés, fracassés par la vie, sans repère affectif. J'imaginais les leçons de morale, les punitions, les châtiments de toutes sortes pour remettre ces enfants dans le droit chemin.

L'inspecteur mit ensuite sa menace à exécution et l'expédia dans les Flandres, loin de Lille. Elle sera placée à Bergues, chez un monsieur Deroo dont je ne trouvais nulle part la fonction. Mais là encore, au bout d'un mois à peine, c'est le retour à l'Hospice, celui d'Hazebrouck, cette fois-ci, à 40 km de Lille.

Nous décidâmes avec Erwan d'arrêter nos recherches pour aujourd'hui. Le déchiffrage à la loupe des documents commençait à nous fatiguer les yeux. Je fus étonnée lorsqu'il me demanda alors la permission de continuer avec lui. J'acquiesçais et nous nous mîmes d'accord pour nous revoir le lendemain.

Dès qu'il fut parti, je rangeais les documents dans mon bureau car Ronan n'allait pas tarder à rentrer.

Chapitre VI

Je n'ose plus bouger.

Je suis allongée dans mon lit, Ronan dort à mes côtés, en chien de fusil comme à son habitude, son bras droit sur mon épaule.

Et Léonie me regarde.

Elle a ce petit air moqueur que je lui connais bien maintenant. Les yeux plissés, un coin de la bouche légèrement relevé, elle examine ensuite le visage de Ronan avec curiosité, en penchant lentement la tête comme si elle évaluait mon choix en matière d'époux. Le bilan semble satisfaisant.

Je ne fais aucun mouvement de peur de le réveiller.

Elle est habillée tout en noir, des pieds à la tête. Si au début j'accueillais avec joie ses apparitions et la connexion que nous avions toutes les deux, j'en suis arrivée à les redouter. À chaque fois, elles me replongent dans mon propre passé, comme un effet miroir. À travers ses épisodes de rébellion, elles semblent vouloir souligner la similitude de caractère entre nous deux. Léonie me montre combien j'étais méchante avec ma propre mère alors qu'elle, elle aurait aimé avoir la sienne. Son caractère aurait-il été différent si elle n'avait pas été rejetée toute son enfance et adolescence ? Probablement. Ses apparitions étaient toujours des accusations et des reproches. Et j'en sortais à chaque fois épuisée.

Je ne sais plus si je rêve ou si je suis éveillée. Je tente de bouger mais mon corps reste figé, immobile. Je ferme les yeux pour ne pas la voir mais elle m'apparaît quand même. Que veut-elle me dire cette fois ? Je vois son visage qui se déforme par la colère. Elle hurle des propos obscènes, outrageants. Mais tais-toi, tu vas réveiller Ronan ! À qui parles-tu ? Je ne connais pas cette femme en face de toi, est-ce une de tes patronnes ?

Tu la provoques et l'insultes. Tu l'accuses de brutalité envers toi. Tu lui dis qu'elle n'est pas une bonne mère pour ses enfants. Qu'elle se conduit mal envers son mari. Et tu l'injuries, encore et encore. Ces mots qui sortent de ta bouche me choquent et me désespèrent. Comment en es-tu arrivée là ? Quelles souffrances as-tu endurées pour éprouver tant de haine ?

Mais la physionomie de ton employeur se transforme dans un flou lent et vaporeux. Que se passe-t-il ? J'identifie peu à peu ces nouveaux traits qui se précisent.

Je la reconnais.

C'est Elle.

Et tu es devenue moi.

C'est moi qui la provoque et l'insulte, qui l'attaque et l'offense. Ce sont mes propres mots, je les reconnais. Comment ai-je pu me conduire de la sorte ? La maltraiter ainsi ? Mais je ne sais plus qui maltraitait qui. Nos relations n'étaient que conflits. Mon visage est rempli de haine. Je méprisais cette femme de tout mon corps. Elle passait son temps à me rabaisser, rien n'était jamais satisfaisant à ses yeux. Elle raillait ma gaucherie d'adolescente, me promettait un avenir sans joie et me comparait à toi, encore et toujours. Nos rapports étaient de plus en plus violents. Est-ce toi qui m'as transmis cette violence ? Je sens mon corps secoué de tremblements. Je ne suis pas toi ! Tout est confus, tout s'emmêle. Je suis dans les ténèbres, je ne discerne plus rien. J'ai du mal à faire la différence entre ces quatre femmes.

Puis ce sont mes propres traits qui disparaissent peu à peu, comme une image qui s'efface progressivement, qui quitte l'écran de ma vision, et c'est à nouveau toi qui me regardes, de ton air narquois et moqueur. Il n'y a maintenant plus que nous deux, face à face, et Ronan qui dort à côté de moi.

— Va-t'en ! Va-t'en !

— Ninette ! Ninette ! Réveille-toi !

Ronan s'est penché vers moi et me secoue gentiment l'épaule.

— Qu'est-ce qui t'arrive ?

— Ce n'est rien, j'ai fait un cauchemar, c'est tout.

— Mais regarde-toi, tu es trempée ! Tu criais « Va-t'en ! » À qui parlais-tu ?

— Je ne sais pas, je ne me souviens plus.

Je ne pouvais pas lui répondre. Et qu'aurais-je pu lui dire ? Que c'est à moi-même que je disais de partir ? Au fantôme de mon passé ?

J'étais effectivement ruisselante de sueur et de larmes. Je me levais pour prendre une douche et éviter ainsi le regard inquisiteur de Ronan.

Quand Erwan vînt cet après-midi-là, j'étais contente de le voir. Non seulement il m'apportait son expertise en tant qu'historien mais il me comprenait et son amitié était précieuse.

— Tu as vu Léonie cette nuit ? demanda-t-il en me taquinant.

Comme je ne répondais pas, il s'arrêta au milieu du salon et planta ses yeux dans les miens.

— Mais oui, tu l'as vue, n'est-ce pas ?

Il vit mon trouble, mon air évasif et je décidais de ne pas lui mentir.

— Oui, elle est venue.

— Tu veux bien me raconter ?

Je lui donnais une version édulcorée de la scène, faisant abstraction de mon propre rôle.

Sa réaction me surprit.

— Comme tu as de la chance !

— Comment ça ?

— J'aurais tant aimé pouvoir communiquer avec ma femme.

Puis il changea de sujet.

— Cela n'est pas étonnant, tu sais, cette violence de Léonie envers sa patronne. J'ai fait quelques recherches sur les enfants assistés dans notre région. Il ne faut pas croire qu'ils étaient mieux traités en Bretagne qu'ailleurs. Les pupilles de l'Assistance publique ont toujours été des victimes. Mais certains ne se laissaient pas faire. Ils ne se contentaient pas d'endurer passivement leur sort et beaucoup se rebellaient contre la charge de travail qui leur était imposée. Ils exprimaient leur mécontentement par la violence. D'ailleurs, elle n'était pas toujours dirigée envers leur employeur. Cette méchanceté dont tu parles pouvait être dirigée vers un membre de la famille ou même vers un animal du logis. J'ai trouvé des écrits en ce sens. Des servantes placées dans des familles bourgeoises de Vannes qui se vengeaient sur les enfants qu'on leur confiait. Et plus au nord, dans les fermes du Finistère, c'étaient des valets de ferme qui commettaient des actes de cruauté envers les animaux. C'était fréquent chez les bergers et les vachers. Les patrons leur reprochaient d'être paresseux et méchants avec les bêtes.

— C'étaient surtout des insultes de la part de Léonie, mais on aurait dit qu'elle pouvait en venir aux mains facilement.

— Je ne suis pas étonné. Il ne faut pas interpréter ce que tu as vu avec nos références. Les insultes étaient monnaie courante de la part des patronnes envers leurs domestiques. Et certaines, comme ta grand-mère, ne se laissaient pas faire. Si elle les proférait, c'est qu'elle les avait entendues, et probablement à son encontre.

— Oui apparemment elle avait un sacré caractère !

— Ce qui explique le nombre impressionnant de placements. Les enfants de l'Assistance publique étaient prédestinés à une vie misérable et Léonie s'en sort plutôt bien. Les garçons finissaient souvent en prison et les filles sur le trottoir. Il semblerait que ta grand-mère ait réussi à y échapper. C'était une battante, tu sais, sinon elle n'aurait pas survécu.

Nous décidâmes de reprendre notre travail d'exploration des documents des Archives du Nord. J'apportais le dossier et Erwan sortit sa loupe et son crayon. C'était un travail minutieux de déchiffrage et de recoupement des dates. Mais au bout d'un moment, nous eûmes une vision plus claire de ce qu'il s'était passé entre 1920 et 1923.

Les notes d'inspection s'étaient arrêtées. Il ne restait que des dates de placements, des noms de patrons et des communes.

Un placement de 6 mois à Castre chez une Madame Bellangier, puis retour à l'hospice d'Hazebrouck pour dix jours. Le placement suivant, de la même durée, à Godewaersvelde, un village au nom bien flamand, chez un certain Jérémie Decalf avec un retour six mois après à l'hospice. Puis nouveau placement chez les Dewaele à Socx en mars 1923. Même durée.

Il semblerait que Léonie ne puisse tenir plus de six mois au même endroit. Elle a vingt ans maintenant et probablement envie d'une situation différente de celle dans laquelle elle se retrouve coincée, domestique sans possibilité d'évolution sociale ou professionnelle.

C'est pourquoi la ligne suivante du rapport ne nous surprit guère :

30 septembre 1923, EN FUITE.

Deux mots, rien de plus.

Deux mots qui expriment une détresse. Qu'est-ce qui peut pousser une jeune femme à s'enfuir ? Qu'avaient fait les Dewaele pour qu'elle en soit réduite à cette extrémité ? Injures ? Charge de travail trop élevée ? Maltraitance ? Harcèlement sexuel ? Tout est imaginable et malheureusement il n'y eut aucun rapport établi.

Mais où pouvait s'enfuir une jeune fille de 20 ans ? Partie de ce tout petit village de 700 âmes à l'époque, une commune agricole des Flandres dans laquelle il ne se passait probablement rien, où pouvait-elle bien aller ?

D'un coup, un désespoir profond m'enveloppa, son malheur m'atteignit en plein cœur et me figea sur place. Je sentis que je perdais progressivement contact avec la réalité. Assise dans le canapé du salon, ma vision se brouillait peu à peu et les documents étalés devant moi sur la table basse devinrent flous. La pièce se mit à tourner lentement et je fus comme plongée dans le brouillard. J'étais prise dans une nébulosité qui m'enveloppait pour me détacher du lieu présent. Mon univers sensoriel était perturbé. Je n'entendais plus rien et mes yeux ne voyaient plus rien de précis.

Soudain, tout devint sombre. Toutes les nuances de gris apparurent pour former un paysage qui se dessina peu à peu. Une petite route de campagne, plongée dans une quasi-obscurité, éclairée uniquement par le croissant de lune derrière une forme que l'on devinait humaine. La silhouette se déplaçait lentement. Des bottines usées foulaient la terre et la poussière se déposait sur une longue robe, grise également. À l'extrémité du bras droit, une valise en carton qui se balançait au rythme des pas. Elle ne devait pas être bien lourde. Peut-être du linge de rechange et de maigres possessions.

Son visage se dévoilait peu à peu, je le distinguais dans la nuit. Léonie avait les traits crispés, une volonté farouche l'animait de fuir éperdument ce lieu hostile. Elle se sauvait manifestement d'un danger qui la menaçait. À quoi voulait-elle échapper ? Et où comptait-elle se réfugier ?

Elle ne me voyait pas et je me demandais comment je pouvais entrer dans sa tête pour comprendre ce qui l'avait mise dans cet état. D'habitude quand nous connections, elle me fixait du regard. Mais là, c'est le chemin de pierre qu'elle scrutait attentivement, sans doute pour ne pas tomber.

Léonie, parle-moi, dis-moi ce qui t'est arrivé !

J'essayais de me concentrer, d'attirer son attention en fusionnant mon esprit avec le sien, en polarisant toutes mes pensées sur les siennes.

Mais rien n'y fit. Elle m'échappait.

Puis mon corps s'éloigna peu à peu de la scène. Je basculais. J'étais comme dans un manège à la foire, tout tournait autour de moi. J'avais le vertige. De façon étrange, mon corps était dissocié de mon esprit et je n'avais aucun contrôle sur ce qui suivait. Je me voyais à présent, jeune adolescente sur une autre route, goudronnée celle-là. Le jour commençait à tomber.

J'étais partie de la maison discrètement pour pas qu'Elle ne me voie, qu'Elle ne s'aperçoive de ma disparition. Je n'en pouvais plus de ses cris et ses reproches, de ses insultes et de la ceinture qu'elle était partie chercher dans son armoire. Je savais ce qui m'attendait. Alors je fuyais. Sans réfléchir. Sans emporter quoi que ce soit. Je ne savais pas où j'allais. J'avançais droit devant moi vers la ville toute proche. J'évitais de penser, je me concentrais sur ma marche, chaque pas m'éloignant d'elle et de sa fureur.

Je n'aurais pas dû répondre à ses provocations. Je n'aurais pas dû être méchante avec elle. C'est bien ce qu'elle me reprochait constamment. Henriette, tu as encore été méchante ! J'avais vu dans ses yeux qu'elle avait bu. Je l'avais senti dans son haleine. J'aurais dû me méfier. Mais elle savait comment m'atteindre, comment me faire mal, rien qu'avec des mots qu'elle choisissait à bon escient, toujours ceux qui blessent, ceux qui vous mettent par terre sans qu'aucun coup n'ait été porté.

Les coups venaient après.

Je hurlais.

— Ninette ! Ninette ! Réveille-toi !

Je me débattais, les bras relevés en position de défense, quand je pris conscience que c'était Erwan qui tentait de me calmer, avec toute la douceur qui le caractérisait.

— Ninette !

On voyait l'inquiétude sur son visage.

Je repris peu à peu possession de mes moyens.

Quand il vit que j'étais complètement revenue à moi, il se leva et alla me chercher un verre d'eau. Je le pris sans un mot, incapable d'articuler la moindre parole de remerciement mais le gratifiait d'un sourire affectueux.

Au bout d'un très long moment, sans savoir pourquoi, je décidais de lui raconter mon cauchemar. Dans sa totalité. Je me confiais à lui comme je ne l'avais jamais fait auparavant. À personne. Même pas à Ronan. Mon mari savait que mes relations avec ma mère étaient tendues mais je n'avais jamais donné de détails. Et j'avais complètement occulté certains mauvais traitements. Ils étaient fréquents à l'époque et elle s'arrangeait pour ne pas laisser de trace. Un ou deux coups, pas plus. Mon père n'en savait rien. Je n'avais pas le droit de lui en parler. Et son chantage était si efficace que j'avais enfoui cette violence physique tout au fond de moi. Tellement profondément qu'elle était tombée dans l'oubli. Léonie me faisait reprendre contact avec mon passé, mais était-ce une bonne chose ? Avais-je vraiment besoin de revivre ces moments douloureux ? Sans savoir pourquoi, j'éprouvais cependant un soulagement indescriptible, un apaisement, même si j'en sortais complètement épuisée.

Erwan me fit alors un aveu qui me déconcerta totalement.

— Écoute Ninette, je voulais te le dire mais je ne savais pas comment faire.

Je m'attendais à ce qu'il me fasse une déclaration, connaissant mes sentiments pour lui, et sachant qu'ils étaient réciproques. Je trouvais qu'il choisissait mal son moment. De plus, j'aimais Ronan et je tenais à mon mariage. J'essayais déjà de trouver dans ma tête les mots adéquats pour le repousser gentiment. Mais son discours me surprit.

— Voilà. Si je t'ai proposé mon aide pour tes recherches, ce n'était pas uniquement en tant qu'historien.

Il avait du mal à poursuivre mais je décidais de ne pas intervenir et j'attendis qu'il trouvât les mots.

— En fait, c'est ta connexion avec Léonie qui m'intéressait. Je pensais que tu pourrais m'aider et que moi aussi je pourrais me connecter avec Madeleine et Laure.

J'étais sidérée. Il avait parlé d'une voix si basse que sa phrase s'était terminée dans un quasi-chuchotement. Il y avait encore tellement de douleur au fond de lui qu'il avait peine à prononcer leurs prénoms. Madeleine et Laure. Sa femme et sa fille, mortes il y a cinq ans.

— Mais Erwan, ce n'est pas ça du tout ! Je ne fais pas de spiritisme ! Ce sont des images qui me viennent, je ne sais même pas si ce que je vois concernant mes ancêtres a vraiment existé ! Mon cerveau utilise ces représentations et je prends conscience de plus en plus qu'elles sont liées à des traumatismes communs que nous avons vécus, elle et moi. Comme celui de la fuite. Léonie est un vecteur qui me replonge dans mes propres souvenirs. Et crois-moi, je m'en passerai bien parfois. J'ai même l'impression de ne plus rien comprendre de qui j'étais.

— Oui, je vois bien l'état dans lequel cela te met. Je ne l'avais pas compris au début, j'étais juste envieux de ce que tu parvenais à réaliser. Tu sais, je ne l'ai jamais dit mais j'ai consulté plusieurs voyants qui m'ont tous promis une connexion avec… elles. Mais je sentais bien que c'était faux. Alors j'ai laissé tomber. Et quand tu as commencé à voir Eugénie, puis Léonie, je me suis mis à espérer à nouveau.

Je suis désolé.

Je ne lui répondis pas tout de suite. Dans un sens, j'étais soulagée.

Mais j'étais également navrée de ne pouvoir faire ce qu'il attendait de moi.

Je lui pris la main, que je caressais doucement, et nous finîmes par une étreinte fraternelle. Nous restâmes ainsi, dans les bras l'un de l'autre, un bon moment. Il était malheureux et je ne pouvais rien faire pour lui, à part lui offrir ce petit instant de réconfort.

Quand Erwan fut parti, je sentis comme un vide.

Je décidais de reprendre la lecture des lettres adressées à Léonie et tombées, je ne savais toujours pas comment, entre les mains de mon père.

Chapitre VII

Ma chère Léonie, ma sœur bien aimée,

Tu dois te demander ce que je suis devenue depuis tout ce temps.

Je ne sais même pas si cette lettre te parviendra. Je l'envoie à l'Hospice de Lille, là où nous étions ensemble et j'espère qu'ils te la donneront.

Tellement de choses se sont passées depuis la dernière fois où nous nous sommes vues. Je vais essayer de te les raconter dans l'ordre.

Tu te souviens de mon frère Mathias ? Il a deux ans de moins que moi. Nous étions ensemble à l'Hospice, mais nous n'avons jamais pu être placés aux mêmes endroits.

Un jour un homme est venu le chercher pour le prendre comme apprenti. On m'a dit qu'il était menuisier et qu'il lui apprendrait le métier. Et ensuite je n'ai plus eu de nouvelles. Quand j'ai cherché à savoir où il était, on m'a répondu que c'était un gars de Bretagne qui était sur un chantier ici et qu'ils étaient probablement repartis là-bas. Je pensais ne plus jamais le revoir.

Et puis un an après, une dame est venue me voir quand j'étais placée comme domestique chez les Bailleul, tu sais le médecin à Croix ? Ils n'étaient pas méchants mais ils n'avaient pas d'enfant et j'étais toute seule avec Madame toute la journée à faire les corvées, de six heures du matin à dix heures du soir. Madame recevait beaucoup et il y avait énormément de travail. J'étais logée dans le grenier où il n'y avait pas de fenêtre. Mais au moins elle ne me battait pas, ça me changeait des autres.

Un jour donc, cette dame est venue. Elle m'a apporté une lettre de mon frère. Qu'est-ce que j'étais contente ! Il me disait qu'il apprenait le métier de menuisier, qu'il était très bien traité et qu'il avait enfin osé parler de moi. Jusque-là il n'avait pas osé dire qu'il avait une sœur. Il me disait aussi qu'ils habitaient un petit village tranquille dans le centre de la Bretagne et que je devais écouter ce que la dame avait à dire.

Après que j'ai lu la lettre, elle m'a dit que si je voulais, je pouvais venir avec elle et rejoindre mon frère ! Je n'en croyais pas mes oreilles !

J'avais très envie mais en même temps j'avais très peur car je ne la connaissais pas. Elle avait l'air gentille, mais plusieurs maîtresses que j'ai eues avaient aussi l'air gentilles au début ! Et tu te souviens de Françoise ? Elle aussi est partie en Bretagne mais elle travaille dans une usine.

Alors elle m'a expliqué qu'elle était institutrice et son mari menuisier. Elle m'a dit qu'ils n'avaient pas d'enfant parce qu'elle ne pouvait pas en avoir. Elle m'a aussi dit que si je venais, je ne serai pas traitée comme une domestique, même si je devais l'aider à entretenir la maison.

Sur le coup je n'ai pas tout compris, mais elle me parlait avec tellement de gentillesse, et j'avais tellement envie de revoir Mathias que j'ai dit oui !

Alors elle a dit qu'elle allait tout arranger, et qu'elle reviendrait dans deux jours. C'étaient les deux jours les plus longs de ma vie ! Mais elle est revenue et on est parties toutes les deux.

Cela fait un mois que je suis là maintenant et je commence à m'habituer.

Je ne t'oublierai jamais et je n'oublierai jamais toutes les fois où tu m'as protégée et défendue. Je ne sais pas ce que je serais devenue sans toi.

J'espère que tu vas recevoir cette lettre.

Réponds-moi, je vais mettre l'adresse sur l'enveloppe.

Ensuite je pourrai t'expliquer ma vie ici.

Je t'aime mon amie,

Ton Hélène pour toujours

Je t'envoie l'adresse de Françoise, elle m'a demandé de tes nouvelles.

Il y avait plusieurs lettres d'Hélène, toutes dans la même enveloppe, et aucune n'était datée. Mais elles étaient apparemment classées par ordre chronologique.

J'eus un choc quand je vis le mot Bretagne ! Je pensais aussitôt à Erwan ! Il serait content de voir qu'il y avait une connexion entre les deux jeunes femmes, même si elles n'avaient aucun lien de sang. J'étais heureuse de savoir que Léonie avait protégé celle qui l'appelait sa « sœur ». Sans doute était-elle plus jeune et plus fragile. Ma grand-mère n'avait pas seulement « mauvais caractère ». Elle savait aussi venir au secours des plus faibles et je la découvrais sous un jour nouveau. Il y avait quelque chose de positif dans ce malheur et c'était réconfortant.

Je voulais en savoir davantage et j'avais hâte de découvrir dans quel endroit de Bretagne avait atterri cette jeune fille. J'espérais qu'elle le mentionnerait dans sa lettre suivante.

***

Ma très chère Léonie,

Des mois que j'attendais ta lettre ! Je n'y croyais plus ! Mais tu as fait tellement d'endroits différents, j'ai encore de la chance qu'elle te soit parvenue.

Comme je te l'avais dit, je suis chez un couple en Bretagne dans un petit hameau qui s'appelle Plounévézel. Eux s'appellent Gwenal et Clervie. Il n'y a pas beaucoup d'habitants et nous allons à la ville proche, qui s'appelle Carhaix et qui a de belles foires.

Je vais d'abord te décrire notre maison.

Nous habitons avec le frère de Gwenal dans la ferme. Les deux maisons sont collées. La ferme appartient à un homme qu'on doit appeler Maître. Il y a aussi une grange et une crèche dans laquelle il y a des vaches. Et puis il y a des poules, des canards, des chiens et des chats pour les souris. Autour de nous ce sont des champs de blé et d'autres céréales et Perik travaille dans les champs avec sa femme Yaelle et les deux fils aînés. C'est très différent pour moi qui ai toujours vécu en ville. Au début j'avais du mal avec l'odeur mais maintenant ça va.

Notre maison est petite mais très propre. En bas il y a la salle avec la cheminée, la table, les bancs pour s'asseoir, le fourneau, l'armoire et au fond le lit clos pour les adultes. C'est comme une armoire mais tu dors dedans ! Du coup en hiver, il fait moins froid. Et en haut il y a deux petites chambres. Tu te rends compte, j'ai ma chambre pour moi toute seule ! Dans chaque chambre il y a un lit clos pour dormir, une petite table, une chaise et une armoire.

Mathias travaille avec Gwenal et je ne le vois pas de la journée. Ils partent tôt le matin et quand ils reviennent le soir ils sont fatigués. Mais mon frère est très content. Il dit qu'il est traité comme un fils et pas comme un ouvrier !

Clervie est institutrice. Elle est très intelligente. Nous prenons la charrette le matin pour aller à l'école la plus proche. C'est moi qui allume le poêle comme ça quand tout le monde arrive, il fait bon dans la classe. Puis je m'assieds au fond et j'apprends comme les autres, même s'ils sont un peu plus jeunes. Elle veut que je passe le certificat. J'ai un peu de retard mais elle dit que ce n'est pas grave. J'essaye de travailler le mieux possible. Ensuite on rentre et on fait les corvées toutes les deux. Il n'y a pas d'électricité ni d'eau dans la maison, donc on se relaie pour rapporter les seaux du puits. Elle aussi me traite comme sa fille et pas comme une domestique. Ça me fait encore un peu drôle, je n'ai pas l'habitude et surtout j'ai toujours peur que ça s'arrête, que c'était juste pour le début. Elle ne me frappe pas quand je fais une bêtise. Elle voit que j'essaye de bien faire alors elle me réexplique. J'ai été punie une seule fois, c'est parce que j'avais mal parlé. Alors j'ai dû faire une corvée en plus. Tu me connais, je suis docile et je ne cherche jamais à mal faire. Heureusement que tu étais là quand nous étions à l'Hospice. Tu ne supportais pas quand les autres me frappaient ou m'insultaient. Tu as tellement souvent pris ma défense et reçu les coups à ma place. Jamais je n'oublierai. Toi tu étais costaude et tu n'avais pas peur. Tu te souviens comment tu m'aidais à tout laver au milieu de la nuit pour pas qu'on voie que j'avais fait pipi par terre ? J'avais tellement peur quand elles m'enfermaient dans la cave pour m'apprendre à être propre. Je n'osais pas dormir à cause des rats qui voulaient me mordre. Et elles ont seulement arrêté quand tu as osé le dire à l'inspecteur le jour où il est venu ! Tu t'en souviens ? On nous avait donné des robes pour ce jour-là, qu'on n'a jamais remises après. Et il fallait dire que la nourriture était bonne et que tout allait bien ! Toi seule as eu le courage de parler des coups et des menaces. Et tu l'as payé bien cher ma pauvre.

Les garçons se laissaient moins faire. Mais entre eux ils pouvaient être tout aussi méchants. Mathias m'a raconté plein d'histoires que je ne savais pas. Lui, c'est un gentil, mais tu le verrais maintenant, il a beaucoup changé physiquement. Ça devient un vrai dur. N'empêche qu'il a reçu une sacrée correction, il y a une huitaine quand il est rentré ivre et qu'on l'a cherché partout ! Je crois qu'il n'est pas près de recommencer.

Derrière la maison il y a un potager. Comme ça on a des légumes frais. On a aussi du beurre, de la crème et des œufs grâce à Perik et Yaelle. Et en échange on leur rend des services. Moi je m'occupe de garder les deux petites, Gwenal et Mathias aident aux travaux des champs quand ils ont du temps et Clervie aide pour faire le pain et parfois le linge.

Voilà, je t'ai raconté ma vie et la chance que j'ai d'être ici avec des gens qui sont bons avec moi et avec mon frère. J'espère qu'on va pouvoir rester là.

S'il te plaît, écris-moi encore. Je suis tellement contente de recevoir de tes nouvelles.

Ta sœur pour la vie.

Hélène

N'oublie pas d'écrire à Françoise, elle m'a demandé de tes nouvelles. Je te remets l'adresse.

Quand Ronan rentra ce soir-là, il me trouva apaisée. La lecture des deux lettres d'Hélène m'avait fait du bien. Je sentais une forme d'espoir dans l'avenir de cette jeune fille et j'en étais heureuse pour elle.

Il me tardait de partager mes impressions avec Erwan. J'étais déçue de n'avoir plus aucune conversation avec mon mari concernant mon aïeule mais après plusieurs épisodes durant lesquels j'avais perdu connaissance, il m'avait demandé de ne pas poursuivre l'exploration de mon passé, craignant pour ma santé mentale. Je n'avais rien promis mais m'étais efforcée de ralentir le rythme, et surtout de ne plus aborder le sujet avec lui. Je n'étais pas sûre qu'il fut entièrement dupe mais il n'y faisait aucune allusion et je tâchais de jouer le jeu en reprenant certaines activités sociales qui nous permettaient au moins d'avoir un sujet de conversation quand il rentrait.

Je ne me considérais pas comme une femme engagée ou féministe. Ma génération pourtant post-soixante-huitarde avait respecté les codes de nos parents suivant lesquels l'homme était encore maître du foyer. Mon travail d'institutrice, de professeur des écoles, comme on disait à présent, n'avait jamais été valorisé en comparaison des écrits et conférences du grand professeur d'université reconnu et invité sur les plateaux de télévision pour son expertise. Mais c'est un travail qui me plaisait et me garantissait une certaine indépendance financière, même si ma quote-part était réduite à minima. Ronan considérait davantage mon métier comme une activité qui m'empêchait de m'ennuyer à la maison. Quand je suis tombée gravement malade il y a dix ans et qu'au bout d'un moment j'ai dû cesser mes fonctions, il en était presque soulagé. Pourtant j'avais aimé enseigner. J'étais attirée par les enfants les plus compliqués à qui je pensais pouvoir apporter quelque chose. Curieusement, moi qui n'avais jamais manqué de rien, leur détresse me parlait et ils ressentaient mon empathie. Mais c'était également une perpétuelle frustration que de ne pouvoir intervenir de façon efficace. Face à l'élève en situation d'échec, nous nous trouvions souvent démunis.

L'enfant en situation de handicap était un challenge supplémentaire auquel nous n'étions pas préparés et qui malheureusement se présentait à nous de plus en plus souvent faute de place dans des structures adaptées. C'étaient souvent des enfants qui n'avaient pas les mêmes codes sociaux que le reste du groupe et qui ne comprenaient pas ce qu'on attendait d'eux. L'enjeu du travail scolaire était totalement absent de leur propre système et suivre des consignes, même simples, représentait parfois un mur infranchissable. Quant au handicap se rajoutait un environnement social et familial peu stable, l'élève n'était alors pas dans une situation propice à l'apprentissage.

Face à cela, je ne pouvais que prodiguer mes conseils et faire preuve de patience. Devant des troubles comportementaux, la seule aide que je pouvais apporter était de signaler les faits et d'encourager les parents à effectuer un diagnostic. Mais bien souvent, les parents n'étaient pas aptes à l'entendre.

Par contre, avec un enfant qui éprouvait des difficultés uniquement par manque de confiance en lui, même si les raisons étaient externes à l'école, j'arrivais à établir un contact suffisant pour lui insuffler petit à petit l'assurance dont il avait besoin pour réussir. Et j'en éprouvais une grande fierté. J'enseignais en CP, pour moi, le niveau le plus important en ce qui concernait la mise en place des apprentissages. J'essayais de donner à chacun sa chance, les encourageant au maximum à effectuer les efforts dont cette génération avait du mal à trouver l'intérêt. Abrutis d'écran, que ce soit télé, tablette ou jeux vidéo, ils entraient cependant volontiers dans le plaisir du livre comme objet, de celui de l'écoute de l'histoire par la maîtresse et, petit à petit, de l'émerveillement qu'ils éprouvaient à l'autonomie d'une lecture personnelle.

Quand je les voyais s'installer tranquillement dans un coin de la pièce avec un livre sur les genoux et déchiffrer le texte, quand je voyais le mouvement de leurs petites lèvres enfantines articuler une à une les syllabes qui donneraient du sens à l'histoire, je me sentais en phase avec mon choix. Quand la phrase était comprise, leur visage entier souriait, la bouche, les yeux, le front montraient la joie de la compréhension. Ils tournaient alors la page, prêts à assumer le défi suivant de la nouvelle phrase qui leur donnerait la suite de l'histoire. Au fur et à mesure qu'ils réussissaient, certains ne considéraient plus la lecture comme un effort mais comme un plaisir. Pour eux, c'était réussi. Pour les autres, cela prendrait plus de temps, plus de patience, plus d'efforts de ma part comme de la leur. C'était une étape cruciale et l'implication d'un parent pouvait tout changer. Cela faisait également partie de mon rôle. Impliquer l'adulte qui n'a plus le temps ou qui ne le prend plus dans l'apprentissage de son enfant. Je m'en sortais parfois moins bien avec les parents qu'avec les enfants pour lesquels j'avais davantage d'indulgence. J'estimais que les adultes avaient fait leur choix et qu'ils étaient assez grands pour l'assumer.

Je m'entendais relativement bien avec mes collègues des niveaux supérieurs. Quand mes élèves « passaient » dans leur classe, ils avaient pour la plupart des bases solides et une certaine autonomie. Quant aux professeurs des maternelles, mes relations étaient plus tendues. Mes deux collègues féminins étaient, à mon sens, beaucoup trop proches affectivement de leurs élèves. Jamais je ne faisais un câlin à un des miens. S'il avait un chagrin, nous en parlions, face à face mais je ne le prenais jamais dans mes bras ou sur mes genoux. Ce n'était pas un calcul de ma part, c'était uniquement une façon d'être. Je reprochais à mes acolytes de jouer à la poupée au lieu de les aider à devenir grands. J'avais probablement tort, mais j'étais ainsi.

Elles me reprochaient mon manque d'instinct maternel. Et c'est vrai qu'il m'avait toujours fait défaut, si tant est que celui-ci existât vraiment.

D'ailleurs depuis mon adolescence j'avais décidé de ne pas avoir d'enfant. À vingt ans, j'étais partie en Australie pour quelques années, le temps de perfectionner mon anglais et d'acquérir une indépendance dont je ressentais le besoin. Parfois, quand je repense à cette période qui précède mon départ en Australie, je ressens comme un trouble, un malaise profond que je ne peux expliquer. Tout est flou. Certaines images me hantent la nuit et je me réveille en larmes. Mais je ne sais pas pourquoi. Probablement une expérience de jeunesse dont je refuse de me souvenir. Car quand j'essaye, mon corps entier se met à trembler sans que je parvienne pour autant à comprendre ce qui m'arrive. Alors avec le temps, j'ai appris à chasser ces pensées négatives. Seule me reste celle de ma mère munie d'un couteau. Image effrayante que je ne peux déchiffrer.

Rentrée en France, j'avais compris que l'enfant dans un couple était devenu un enjeu dans cette génération dans laquelle la femme (du moins la plupart d'entre elles et en tous cas celles que je connaissais) avait le pouvoir de dire non. Mais aussi bien dire qu'on ne voulait pas d'enfant quand on avait vingt ans faisait sourire, quitte à provoquer certains commentaires, « tu verras, c'est que tu n'as pas encore trouvé le bon », « fais attention quand même l'horloge biologique tourne plus vite qu'on ne le pense », « ne passe pas à côté du père de tes enfants, passé un certain âge tous les bons partis sont pris », autant en avançant dans la vie et maintenant que j'avais réussi mon concours de professeur, mon entourage ne comprenait plus mes réticences. Il était temps de me *caser* et de rentrer dans le moule. Comment leur expliquer que pour moi tout ceci n'avait aucun sens ? Je tenais à ma liberté. J'avais travaillé dur pour obtenir ce que je voulais. Cinq ans d'études pour passer ma maîtrise puis une année de préparation au concours suivi d'une année de stage. Le salaire dérisoire vu mon niveau de diplôme ne m'avait pas détournée de mon but. Je savais que je ne rentrais pas dans l'Éducation nationale pour l'argent. J'y rentrais par vocation et pour m'assurer une indépendance financière minimale qui ne me permettrait aucun extra.

Quand je rencontrais Ronan, nous n'abordâmes pas le sujet avant une longue période. Peut-être que pour lui c'était évident. Nos amis étaient déjà presque tous parents et je n'enviais rien à la vie de ces femmes qui se disaient heureuses d'être devenues mères alors qu'elles avaient, à mes yeux, totalement effacé ce qui constituait leur intérêt d'individu au profit de celui de leur rejeton qui ne demandait qu'à être nourri, logé, habillé, diverti, gratuitement. C'était comme si elles avaient tiré un trait sur elles-mêmes. Elles n'existaient plus qu'à travers ces êtres bruyants, baveux et odorants qu'elles seules trouvaient beaux et dont elles se disaient si fières. La moindre syllabe articulée était applaudie, le moindre geste encouragé, vénéré, par un auditoire déjà acquis à leur cause.

Nos centres d'intérêt, jusque-là communs, avaient totalement bifurqué. Inutile de tenter d'échanger à propos du dernier Tarantino, de la dernière super expo que nous venions de voir au Grand Palais *Paris, tu n'y penses pas ? L'abandonner deux jours, je ne pourrais jamais !* tout au plus le dernier Goncourt, et encore *J'avoue que j'étais tellement fatiguée, je me suis endormie, je n'ai pas encore réussi à le finir !* Les maris, curieusement, ne prenaient pas part à cette conversation. Elle semblait ne pas les concerner. Eux avaient fait leur boulot. Ils avaient souscrit à cette mode qui faisait de l'instinct de reproduction le soi-disant plus beau chapitre dans le bonheur du couple. Et quand je les observais, je voyais qu'ils prenaient – ou n'avaient le Droit de prendre – que peu part active aux premiers pas et exigences et leur progéniture. Un petit *donne-moi le biberon si tu veux bien, chéri, je l'ai préparé, il doit être chaud*, sera l'unique contribution à laquelle va être autorisé le mâle reproducteur, et encore, ceci fait dans le but non avoué de montrer aux autres combien le partage des tâches était effectif dans le couple.

Puis sans se concerter, les hommes se regroupaient pour parler de leurs intérêts, qu'ils soient sportifs, culturels ou les deux, et les femmes échangeaient sur les derniers succès ou mésaventures de leur progéniture. Le pire pour moi était la phase, quasi inévitable, du récit de leurs accouchements respectifs. Car bien sûr, il y avait toujours dans le groupe, *l'heureuse élue*, celle dont le ventre rond comme une baleine attendait « l'heureux événement », à qui elles se sentaient obligées de prodiguer moult conseils dont cette dernière n'avait probablement rien à faire ! Rien qu'à la voir, les jambes gonflées, affalée sur le divan, avec au moins vingt kilos en plus et des joues de pivoine, mon aversion pour l'enfantement repartait en flèche, si tant est qu'il eût faibli à un moment quelconque. Je tentais alors avec le maximum de diplomatie dont j'étais capable, de faire diversion. Quand c'était impossible, je lançais un *oh, Ronan, tu as vu l'heure ? On travaille demain tous les deux !* ce qui me permettait, non seulement de m'échapper poliment mais également de souligner combien ma vie à moi, n'avait pas changé. Faire un enfant ? Jamais de la vie !

Je n'avais jamais caché à mon conjoint cette absence de désir de procréation, que ce soit avant ou après le mariage, mais nous en parlions très peu. Il connaissait ma détermination à devenir enseignant et pensait simplement que l'enfant viendrait ensuite. Mais au bout de quelques mois, quand je devins titulaire de mon poste, il commença à y faire allusion. *Ça ne serait pas bien d'être à trois ? Tu pourrais travailler à mi-temps ?* Bien sûr, il était hors de question que ce soit lui qui sacrifie sa carrière ! Au début, j'éludais la question en faisant diversion ou en trouvant toujours une raison qui signifiait que ça n'était pas le moment. Quand il me demanda de ne plus prendre la pilule, je cédais. Mais un mois plus tard, je me faisais poser un stérilet. Je savais que c'était injuste, que je trichais avec ses sentiments, mais je préférais le décevoir plutôt que de devoir faire face à un événement que je refusais de toute mon âme et de tout mon corps. C'était trop me demander.

Il voulait *devenir* père et moi je voulais *rester* femme !

Je voulais qu'il m'aime pour qui j'étais et pas pour un utérus. Et je l'aimais trop pour concevoir ma vie sans lui. Pourquoi voulait-il tant cet enfant ? Pour être en conformité avec la société ? Pour transmettre son nom ? Pour arrêter de subir des pressions de la part de sa famille et de ses amis ? Parce que j'avais trente ans et *qu'il était temps ?* Rien de tout cela ne me paraissait être une bonne raison pour déformer mon corps pendant neuf mois et perdre ma liberté pendant les vingt ans à venir. Mon frère, que j'avais au téléphone une fois par an, me dit que la vraie raison était ailleurs. Que je devais d'abord me réconcilier avec mon passé. C'est vrai que les mauvaises relations que j'avais eues avec ma mère étaient peut-être en lien avec mon absence de désir de maternité, mais elles n'expliquaient probablement pas tout. Comme je n'avais aucune envie de m'engager dans ce genre de conversation avec lui sur l'état de mon psychisme, je changeais de sujet et raccrochais au plus vite. Il avait quatre enfants mais je voyais très peu mes neveux et nièces qui habitaient à l'autre bout de la France. Ils ne me manquaient pas. Une brève conversation téléphonique de temps à autre ainsi qu'un chèque à Noël me suffisaient amplement pour respecter les conventions des soi-disant liens familiaux.

Le jour où j'eus du mal à fermer mon pantalon préféré, celui en toile blanche, je m'allongeais sur le lit pour forcer un peu et me promis d'entamer un régime. C'est vrai que je m'étais un peu laissé aller ces derniers temps. Hors de question de prendre une taille supérieure, d'autant plus que mon soutien-gorge commençait également à me serrer un peu.

Quand Lise vînt déjeuner ce jour-là, déjà à l'époque entre deux avions et signatures de contrat commerciaux, elle m'observa un peu puis déclara :

— Alors, tu t'es laissé convaincre ?

— De quoi ?

— Pour le bébé !

— Quel bébé ?

Lise fit une pause.

— Bon d'accord, je ne savais pas que c'était un secret d'État ! Mais quand même, tu aurais pu me le dire, à moi !

— Mais Lise, qu'est-ce que tu racontes ?

Elle me regarda un moment sans rien dire puis vit que je ne jouais pas la comédie.

— Tu es enceinte jusqu'au coup, ma vieille !

— N'importe quoi ! D'ailleurs, c'est physiquement impossible, j'ai un stérilet.

— Tu ne serais pas la première à qui ça arrive. Tu as eu des nausées ?

— Mais non, rien, je te dis. J'ai juste forcé un peu sur les gâteaux, je vais me reprendre.

— Moi je serais toi, j'irai d'abord faire un test puis je prendrais vite un rendez-vous chez le médecin. Sur ce, je te laisse, je dois voir un client cet après-midi. Tiens-moi au courant. Et ne fais pas cette tête-là. Je donnerai n'importe quoi pour être à ta place.

Sa réflexion me surprit. Je savais qu'elle ne pouvait pas avoir d'enfant mais je n'avais pas réalisé combien c'était une blessure. J'en étais arrivée à la conclusion que c'était un choix de leur part puisqu'ils n'avaient pas cherché d'autres moyens d'être parents.

Et bien sûr, elle avait raison. J'étais enceinte de 4 mois. Dans le cabinet du médecin, je pleurais à chaudes larmes. Il était trop tard pour faire quoi que ce soit. La généraliste se méprit sur le sens de mon état. Ce n'était pas du bonheur que je ressentais mais une trahison. Je me dis qu'il fallait que j'en parle à Ronan, peut-être y avait-il encore un moyen de s'en débarrasser. Je savais que dans d'autres pays le délai était largement plus long.

Je ne me souviens plus comment je suis rentrée à la maison ce jour-là. Mais quand je parvins enfin à lui annoncer la nouvelle, il m'enlaça, me couvrit de baisers et me chuchota dans le cou :

— Si tu savais combien j'attends ce moment depuis plusieurs semaines !

— Comment ça ?

— Chérie, il faut croire que je connais ton corps mieux que toi-même ! Des seins que je peux enfin tenir à pleines mains, des courbes qui se dessinent lentement autour de tes hanches, des joues qui se remplissent, je croyais simplement que tu attendais le bon moment pour me le dire !

Comme je restais sans voix, il continua :

— Mon amour, c'est le plus beau cadeau que tu m'aies jamais fait.

Je ne voyais vraiment pas en quoi cette chose allait être un *cadeau* ! J'avais juste l'impression d'être une accusée qui venait d'être condamnée à une peine de vingt ans !

Mais Ronan ne pouvait cacher sa joie. Il me demanda l'autorisation d'appeler ses parents pour leur annoncer la bonne nouvelle. J'ai su à ce moment-là qu'il n'y avait aucun retour en arrière possible.

Awel vint au monde 5 mois plus tard. Un solide garçon, en bonne santé, bien éveillé, le portrait craché de son père. Je laissais à Ronan le choix du prénom, lui demandant simplement que n'y figure pas la consonne R. Il nomma donc son fils Awel, qui veut dire le vent, en Breton.

J'appris peu à peu à l'aimer. Au début, ma belle-mère vint s'installer chez nous quelques jours. C'est une personne très intelligente et intuitive et quoique nous n'en ayons jamais parlé ouvertement, elle comprit. À passer cinquante ans, c'était encore une très jolie femme. De taille moyenne, ses cheveux étaient blonds et lisses, et ses yeux d'un bleu profond. Toujours élégante, elle dégageait un charme et une énergie que j'enviais. Elle exerçait dans un cabinet d'architecte mais avait fait le choix d'un mi-temps pour se consacrer à d'autres activités. J'aimais son intelligence, sa discrétion, et je lui faisais entièrement confiance. Je ne sais pas si on peut vraiment apprendre à aimer un enfant. Mais elle me donna les clés pour me rapprocher de lui, me sentir à l'aise, dépasser ma crainte de lui faire mal, le caresser pour l'apaiser, rentrer en pleine communication avec ce petit être que le destin m'avait imposé. Elle expliquait, conseillait, proposait mais n'imposait jamais. Elle en profita également pour instruire Ronan quant à l'utilité de sa participation aux tâches ménagères afin qu'il me soulageât un maximum. Bref, elle m'apprit à être mère et non esclave.

Elle devait rester chez nous quelques jours mais son séjour ne prit fin qu'au bout de trois mois, même si elle faisait des incursions dominicales chez elle de temps en temps. Quand elle sentit que j'étais prête, elle prit congé, avec toute la gentillesse et la modestie qui la caractérisaient. Grâce à elle, nous nous épanouîmes tous les trois.

Curieusement, l'abandon de Léonie par sa mère me replongeait dans mon passé et ma propre culpabilité. Celle de n'avoir pas voulu cet enfant pour qui j'aurais maintenant donné ma vie.

Juste après la naissance d'Awel, nous envoyâmes un faire-part de naissance à mes parents. Ma mère téléphona pour nous féliciter et mon père envoya un chèque. Ils ne firent pas le déplacement pour voir leur petit-fils et nous attendîmes quelques mois avant d'aller le leur présenter.

Mon frère était en déplacement aux Pays baltes pour son entreprise quand je lui annonçais l'arrivée de son neveu. Je forçais un peu le trait en lui faisant part de ma joie et combien l'arrivée de cet enfant me réconciliait avec mon passé et effaçait les traumatismes d'autrefois. Il eut cette réaction que je ne réussis pas à interpréter à ce moment-là.

— Je me sens renaître, tu sais. Comme si finalement j'avais attendu ça toute ma vie !

— Si tu le dis ! répondit-il, et sur cette phrase énigmatique il raccrocha.

Je ne compris ce qu'il voulait dire que bien des années plus tard.

***

Quand Erwan arriva le lendemain – Il attendait toujours que Ronan soit parti travailler – je lui montrai les courriers d'Hélène avec enthousiasme. Comme moi, il fut ravi que le destin de Léonie croisât la Bretagne, même de manière indirecte. Et il m'obligea à relire plusieurs fois les passages dans lesquels Hélène faisait les éloges de son amie.

— Tu vois qu'il y avait aussi du positif chez cette jeune femme.

— Oui, c'est vrai, et je ne nie pas le fait que cela m'ait fait vraiment plaisir. J'aurais même aimé en savoir davantage.

— Tu m'as dit qu'il restait deux lettres d'Hélène. Tu veux bien qu'on les découvre ensemble ? Peut-être aurons-nous davantage de détails.

Je pris donc la troisième lettre, toujours non datée.

Ma très chère Léonie,

J'étais très heureuse de recevoir ta lettre, ça m'a fait tellement plaisir. Mais ce que tu décris m'attriste un peu. La vie dans cette ferme n'a pas l'air très gaie.

C'est un peu comme ici. Le maître de Perick et Yaelle décide de tout et lui et sa femme ne sont pas très gentils. Heureusement que les filles sont encore trop petites, mais les garçons travaillent toute la journée, autant que leurs parents. Ils ont quatorze et quinze ans et cela fait bien trois ans maintenant qu'ils ne vont plus à l'école. D'ailleurs ils n'y ont pas beaucoup été, car le maître trouvait toujours une raison pour qu'ils restent aider à la ferme.

Il n'y a aucune machine ici et tout se fait à la force des bras. Même l'eau, il faut aller la chercher au puits. On ramasse encore les céréales à la pelle et à la fourche, on bat le blé, l'avoine et l'orge au fléau et ce sont les chevaux qui tirent les charrues. Le travail est très dur. Heureusement, quand ce sont les grandes récoltes, tout le monde vient aider. Il y a beaucoup plus d'entraide que par chez nous. Et à la fin de la moisson, on fait une grande fête, où on mange, on boit et on danse. Mais le reste du temps, c'est très dur, et en plus il pleut souvent.

Clervie ne veut pas que je participe aux travaux de la ferme. Elle dit que notre contribution c'est de vendre les œufs, les légumes et des produits laitiers au marché. Nous y allons une fois par semaine, quand il n'y a pas école, et pendant les vacances. Comme c'est nous deux qui entretenons le potager, elle arrive à mettre un peu d'argent de côté.

Ce n'est pas beaucoup mais nous vivons quand même mieux que les cousins. Les deux frères s'entraident comme ils peuvent mais je vois quand même la différence. Par exemple, nous, nous mangeons la soupe dans de vraies assiettes avec de vrais couverts. Les cousins mangent dans des bols en bois avec une cuillère en bois. Des fois Clervie les invite à boire un bol de soupe en disant qu'elle en a fait de trop. Je sais bien que c'est pas vrai. Mais chez eux il n'y a jamais de viande dans leur soupe de pomme de terre, alors elle les aide comme elle peut. Et quand je vais m'occuper des filles, j'apporte souvent une petite part de gâteau que je leur donne avant que leurs parents arrivent.

Une fois par semaine, Yaelle fait des galettes pour tout le monde. Alors on se réunit autour de la cheminée et on mange ensemble. C'est délicieux. Parfois ils racontent même des histoires. Quand c'est le grand-père qui parle, je ne comprends pas tout parce qu'il parle breton, mais les cousins me traduisent. C'est souvent des histoires à faire peur, alors avec les gestes, ça me suffit !

Mathias et moi on a de la chance. Comme Clervie et Gwenal ont de bons boulots, on ne manque de rien. Mais la vie est dure quand même. Heureusement de temps en temps on fait la fête et on va danser tous ensemble. Clervie ne s'entend pas bien avec les autres femmes du village. Elles disent qu'elle fait sa fière.

Moi je sais que ce n'est pas vrai. C'est simplement que Clervie a de l'instruction et qu'elle dit ce qu'elle pense. Elles sont jalouses et surtout ce que les autres lui reprochent c'est de ne pas aller souvent à la messe. Gwenal y va parce qu'il aurait peur de perdre des chantiers sinon, mais quand ils en discutent tous les deux le soir, ils disent que ça ne les intéresse pas. Du coup certaines femmes refusent même d'acheter leurs légumes au marché à Clervie et je l'ai déjà vue rentrer en pleurant.

Je les aime beaucoup, tu sais. Ils sont gentils avec mon frère et moi. Elle veut que je continue à étudier, peut-être que je pourrais même devenir institutrice comme elle ! C'est dommage que ta maman n'ait pas pu te reprendre. Moi, la mienne est morte depuis longtemps. Mais peut-être tu vas rencontrer quelqu'un de bien ? Parle-moi plus de ce Maurice que tu as connu au bal !

Françoise m'a dit que tu lui avais écrit et qu'elle était très heureuse de recevoir ta lettre. Quand elle me raconte ce qu'elle fait, je mesure la chance que j'ai.

J'espère que ça ira mieux dans la ferme où tu es.

Bon courage, ma chérie.

Je t'aime.

Hélène

Erwan était aux anges ! Il retrouvait ce qu'il avait connu, du moins ce que ses parents et grands-parents avaient vécu, du côté maternel. Il avait toujours des liens avec des cousins agriculteurs et maraîchers. Les problèmes n'étaient plus les mêmes, les conditions de travail non plus, mais l'histoire était commune. En ce début de XXe siècle, le monde agricole breton avait du retard face au reste de la France. La mécanisation tardait à apparaître, les parcelles étaient plus petites, les salaires des ouvriers agricoles peu élevés, et les habitants des campagnes bien isolés par rapport à ceux des villes.

Un début d'équipement mécanique apparaîtra dans les années 30. Mais l'arrivée de la Deuxième Guerre mondiale freinera à nouveau toute expansion.

Quant à la mainmise du clergé sur la vie des habitants, un ensemble de règles bien strictes devaient être respectées et Ewan ne fut pas le moins du monde surpris de l'animosité que les femmes pouvaient éprouver face à Clervie, pour le peu qu'elle ne se conforme pas à l'ordre établi.

Il reconnut aussi le sens de la solidarité et de la fête dont lui avaient parlé ses ancêtres, et que certains tentaient de garder intact, même s'ils s'apparentaient davantage de nos jours à du folklore qu'à une vraie nécessité.

Quant à moi, ma réaction fut différente. J'étais contente d'apprendre que la situation de ces deux enfants de l'Assistance publique s'était quelque peu améliorée et qu'ils avaient échappé au malheur.

Mais deux phrases dans la lettre d'Hélène me laissèrent perplexe.

Dans le premier paragraphe, elle insinuait que Léonie avait également été placée dans une ferme.

Erwan et moi reprîmes le dossier des Archives du Nord pour y chercher une confirmation. Effectivement, il était écrit :

Veuve Auguste, Ferme des Polders, Saint-Pol-sur-Mer.

Saint-Pol-sur-Mer est, comme son nom l'indique, une petite commune située en bord de la mer du nord. Elle est actuellement rattachée à Dunkerque. Il n'y avait aucune indication dans le dossier de Léonie sur la qualité de son séjour dans cette ferme mais comme à son habitude, elle n'a tenu que six mois. Malheureusement, je n'étais pas en possession de la lettre écrite à Hélène dans laquelle elle décrivait ses conditions de travail. On sait juste qu'elles étaient mauvaises.

La deuxième information qui m'interpellait dans la lettre était la rencontre de Léonie avec un certain Maurice. C'était le prénom de mon grand-père et je me demandais si c'était bien le même homme.

Mais avant d'aller plus loin, Erwan tenait absolument à prendre connaissance de la dernière lettre d'Hélène. Le fait même qu'elle fut la dernière nous posait question. Les deux jeunes femmes avaient l'air relativement proches. Que s'était-il passé pour que la communication se rompît ? Il n'y avait qu'un moyen de le savoir !

Ma très chère Léonie,

Il y a eu beaucoup de changements ici depuis ma dernière lettre.

J'ai eu mon certificat ! Clervie et Gwenal étaient très fiers de moi ce jour-là et on a fait la fête. On a bu du cidre, on a dansé et chanté. Je devais continuer mes études pour devenir institutrice mais la situation ici est devenue compliquée.

Perik a perdu son travail à la ferme. Il se disputait tout le temps avec le maître, ça devait arriver. Je n'ai jamais su ce qui s'était passé. Du coup tout est devenu très dur. On a dû quitter la maison également et j'ai entendu des disputes entre la fermière et Clervie, parce que Clervie n'allait plus à la messe.

On a été accueillis chez des cousins qui habitent à Gourin, à vingt kilomètres. C'était compliqué de prendre nos affaires et de quitter cet endroit. Moi j'aimais bien être là. À Gourin, on a juste une pièce pour nous quatre, qu'on nous prête en attendant.

Une partie des cousins de Gourin a décidé de partir au Canada ! Il paraît qu'il existe une ville là-bas qui s'appelle Gourin-City. C'est à l'ouest du pays.

Alors Gwenal et Clervie ont décidé de partir aussi. On leur a dit qu'ils trouveraient du travail là-bas. Il y a une communauté de Bretons qui existe déjà et ils ont besoin d'une institutrice. Quant à Gwenal, il n'y aura aucun problème puisqu'il faut construire et que là-bas tout est en bois. Comme Mathias et moi on est encore mineurs, ils vont nous adopter et on partira avec eux !

Je suis triste de partir mais l'idée d'aller dans un endroit nouveau me plaît beaucoup. Il paraît que c'est immense et qu'il y aura de la place pour tout le monde.

Je n'en reviens pas de la chance que j'ai. Je sais que le départ est pour bientôt, le temps de tout préparer les papiers.

Ma Léonie chérie,

Tu resteras toujours dans mon cœur. Je ne sais pas si je pourrai t'écrire de là-bas. Je sais que c'est très loin qu'on va prendre le bateau, et après il y a encore une très longue route.

Je ne t'oublierai jamais !

Ton Hélène

Au fur et à mesure qu'il lisait la lettre d'Hélène, je voyais Erwan qui acquiesçait. Apparemment, cette immigration vers le Canada n'était pas une légende.

— C'est vrai, alors ? Il existe vraiment une ville qui s'appelle Gourin City ?

— Oui, c'est vrai. C'était au début des années 1910. En 1913, plus précisément. Un certain Joseph Ulliac a quitté Gourin avec son épouse et dix autres membres de sa famille. Ils ont fondé une ville, dans la province de l'Alberta, au Canada. Et ensuite d'autres Gourinois les ont rejoints, en plusieurs vagues successives. Beaucoup de Bretons ont immigré en Amérique. D'ailleurs si tu passes par Gourin, tu verras une reproduction en modèle réduit de la statue de la Liberté.

— Ah oui, carrément !

— Plus de 100 000 migrants, ça valait bien une statue ! Elle ne mesure que trois mètres mais c'est un symbole qui compte pour la ville. Il y a des célébrations de temps à autre pour se souvenir de ce passage de l'histoire.

— Et ça explique pourquoi la correspondance s'arrête entre Hélène et Léonie.

— Oui, c'est dommage, on aurait pu apprendre des choses intéressantes ! Et au fait, et Françoise ? Tu sais si elles se sont écrit ?

— Oui, j'ai vu qu'il y avait des lettres. On va les voir ensemble si tu veux, mais avant je voudrais savoir ce qui s'est passé après Saint-Pol-sur-Mer. Je suis désolée pour ta curiosité d'historien, lui dis-je en souriant, mais c'est la vie de Léonie qui m'intéresse en premier.

— Oui oui, je comprends, répondit Erwan.

Un peu trop vite peut-être pour que ce soit sincère.

Chapitre VIII

Hellemmes, le 11 janvier 1925

À Monsieur L'Inspecteur de L'Assistance Publique,

Monsieur L'Inspecteur,

Ancienne Pupille de l'Assistance Publique, je prends la liberté de vous écrire pour vous demander Monsieur, s'il serait possible d'avoir un acte de naissance pour me marier ou dois-je m'adresser à la mairie.
Dans l'attente de votre réponse,
Je vous prie Monsieur l'Inspecteur,
Je vous présente mon profond respect.

Léonie Houart

Les événements s'étaient ainsi précipités. Léonie était maintenant majeure, elle avait 22 ans et allait se marier avec le fameux Maurice dont elle avait parlé à Hélène.

Je me rendais compte à ce moment-là que je ne savais rien de ce monsieur, qui était mon grand-père. Le visage un peu flou d'un homme au chapeau, debout au dernier rang sur la photo de mariage de son fils. La seule personne encore en vie qui pouvait me donner des renseignements était mon cousin Pascal. Je décidais de l'appeler et il me proposa de passer le week-end chez lui afin que nous en parlions. Il me restait à convaincre Ronan.

Je décidais également, sur une impulsion, de confier quelques lettres à Erwan. J'avais repéré celles écrites par Françoise, toutes en provenance de Douarnenez, et me dit que cela comblerait sa passion d'historien breton et me ferait peut-être gagner du temps.

***

— « Notre grand-père était un taiseux » furent les premiers mots de mon cousin.

Pascal habitait avec son épouse une charmante maison du début du siècle, à proximité du stade Pierre Mauroy, qui faisait la fierté des Lillois. Supporter du Losc depuis son enfance, maître barbier de son état, il avait un parcours de vie atypique. Ses deux filles étaient déjà adultes quand il se sentit appelé par le Très Haut. Baptisé catholique, il se convertit au protestantisme, se mit à étudier la Bible en profondeur et devint pasteur pour l'Église Évangélique durant son temps libre. Ce coiffeur-pasteur était aimé de ses clients à qui il consacrait son temps, s'occupant d'une personne à la fois, sachant écouter et profiter des connaissances d'autrui, se nourrissant de leur savoir pour parfaire sa propre éducation. J'avais assisté plusieurs fois à ses sermons et ils étaient empreints d'une grande humanité. Je respectais son choix de vie et admirais l'homme qu'il était devenu. Loin de faire du prosélytisme, il vivait sa foi et elle le guidait dans ses actes quotidiens.

Il me décrivit notre Bon Papa, le Papa Choux de sa maman qui, à plus de quatre-vingt-dix ans, parlait de son père avec de l'amour plein les yeux. Ma tante vivait dorénavant dans le passé et la communication avec elle était difficile, aussi c'est Pascal qui me donna les informations qui me manquaient.

— Notre grand-père lisait beaucoup, des livres, des revues, tout ce qui lui passait sous la main. Parfois, il était tellement absorbé par ses lectures que la cendre de sa cigarette tombait sur sa cravate, ce qui faisait hurler sa femme.

Maurice et elle s'étaient rencontrés alors qu'il effectuait des petits travaux dans sa maison. Il était encore marié à l'époque. Mais le couple n'allait pas bien, et il vint s'installer chez sa future femme, qui habitait dans la même courée que Léonie.

J'imaginais un peu l'ambiance !

C'était un homme habile de ses mains. Maçon de son métier, il aimait le bois et concevait, fabriquait ou réparait des objets, toujours sans articuler aucune parole, ses magnifiques yeux bleus plongés dans ceux de sa fille qu'il adorait. Petit, les cheveux très noirs, il ne s'occupait pas des problèmes des autres et vivait uniquement pour sa famille qu'il chérissait.

Prisonnier en 40, il fut envoyé en Allemagne. De là, il rédigea de magnifiques missives remplies de l'amour qu'il avait pour les siens. Pascal me promit d'effectuer des recherches chez sa mère pour me les montrer.

Quand il fut libéré, il revint chez lui mais avant d'aller voir son épouse, il passa chez l'épicière au coin de la rue, et demanda à la commerçante si sa femme avait été « sage » en son absence. Comme celle-ci lui confirma qu'aucune faute n'avait été commise, il se rendit ensuite chez elle et lui fit la surprise de son retour !

Puis nous parlâmes de mon père. Pascal me confirma comment les relations entre les deux hommes étaient tendues. Papa continuait à appeler son propre père Monsieur, ce qui déplaisait énormément à Bonne Maman. Sommé de changer d'attitude, il refusa et partit. Il ne revit Maurice que le jour de son mariage, mais ne lui adressa pas la parole.

Je reconnaissais bien là l'homme fier et sans compromis qui m'avait élevée.

Nous passâmes le week-end à évoquer des souvenirs communs. Je me rendis compte combien la mémoire était subjective, combien nous avions interprété différemment un passé dans lequel nous avions pourtant côtoyé les mêmes personnes, mais souvent dans des situations dissemblables. Nous avions de nos parents une vision différente, mais pleine d'indulgence pour ces hommes et femmes qui avaient vécu dans des temps difficiles. La pauvreté, la guerre, la souffrance façonnent les individus. Certains, comme notre grand-père, s'en sortent mieux. Était-ce l'amour de leurs proches qui les protégeait ? Léonie n'avait pas eu cette chance.

Je repartis ravie d'avoir connu davantage cet homme discret, si proche dans mon arbre généalogique et dont auparavant je ne savais rien. Le fait qu'il fut un grand lecteur me comblait.

Avant de partir, Pascal me remit une enveloppe blanche de format A5 sans m'en révéler le contenu.

— Tu l'ouvriras quand tu seras rentrée chez toi et que tu parleras de notre grand-père.

J'étais quelque peu déconcertée mais j'acquiesçais sans broncher. Je lui faisais confiance.

Le lendemain, je me rendis au centre de Lille. Je voulais voir la maison, si elle existait encore, où était née Léonie. À l'adresse qui figurait sur mon papier, le 264 avenue Gambetta, une petite maison en briques rouges, typique de la région. Mais elle était manifestement postérieure à 1903. Lille avait vécu des bombardements intensifs durant les deux guerres mondiales et les lieux n'étaient pas d'origine.

Je repartis, déçue mais pas étonnée. La maison était dans un quartier populaire, bien connu des Lillois pour son marché coloré et je m'y étais rendue fréquemment étant ado, attirée par l'odeur des épices et d'autres produits qu'on ne trouvait pas ailleurs.

L'Hospice général de Lille ne m'apporta pas davantage de satisfaction. Construit au XVIIIe siècle et destiné à recueillir les enfants abandonnés, il abrite à présent l'Institut d'Administration des Entreprises de Lille. Utilisé également comme maison de retraite au début du XXe siècle, les pensionnaires furent transférés dans d'autres établissements dans les années 70 suite à un scandale sur leurs conditions d'hébergement. Je n'eus pas la force de passer la porte d'entrée.

Je profitais de mon passage dans le Nord pour rendre visite à mon amie Ode. Divorcée depuis quelques années, elle habitait une ancienne ferme, réhabilitée par un architecte, et j'aimais la chaleur qui se dégageait de sa maison. De grandes baies vitrées donnaient sur la nature et le spectacle était permanent. Nous nous installâmes au salon, un verre de blanc bien sec à la main, la chienne couchée à nos pieds, et essayâmes de combler l'éloignement qu'avait provoqué mon départ en Bretagne en nous racontant toutes ces petites histoires qui nous permettaient de garder le lien d'amitié profond qui nous unissait.

Comme moi, Ode était rousse, et c'est probablement ce qui nous avait attiré l'une à l'autre quand nous étions sur les bancs de l'école. Deux poil de carotte dans une même classe, c'était plus difficile pour les autres à affronter.

Des années plus tard, elle avait gardé ce qui m'avait toujours séduit chez elle : un humour caustique mais jamais malveillant, une grande intelligence, et une générosité instinctive, sans calcul ni arrière-pensée. Quant aux hommes, elle les attirait par sa courtoisie, sa bienveillance et un certain raffinement dont elle faisait preuve aussi bien en privé qu'en société. Elle avait gardé un corps svelte qu'elle entretenait régulièrement en pratiquant gymnastique, yoga et marche. Engagée dans différentes associations comme bénévole, elle faisait partie de ces retraités à l'agenda surchargé, qui profitent de la vie au maximum. Curieuse de nature et passionnée de voyages, nous avions eu la possibilité d'effectuer ensemble quelques belles escapades à Paris, Londres, Venise, Saint-Pétersbourg et dans le sud de la France. Je gardais de ces moments des souvenirs d'échanges intellectuels intenses partagés par notre passion commune pour l'art, mais aussi fraternels, de confidences et de fou rire. Ode n'avait jamais peur de rien et son caractère rebelle l'incitait à passer outre toute injonction venant d'une quelconque autorité. Sa propension à ignorer les rappels à l'ordre nous avait valu quelques ennuis en Russie. Puis le Covid avait stoppé net notre projet de voyage aux Pays baltes et des circonstances extérieures nous avaient empêchées de reprendre nos pérégrinations.

Mais je ne désespérais pas de la convaincre de repartir à nouveau, juste nous deux, comme autrefois.

Le lendemain, elle me conduisit au cimetière d'Armentières car je désirais fleurir la tombe de mes parents. Après quelques instants de recueillement, je ne pus m'empêcher de me diriger vers le quartier des indigents, où était enterrée Léonie. Je ne sais pas pourquoi mais j'appréhendais ce face-à-face. Moi bien vivante et elle dont il ne restait quasiment rien. La Léonie qui hantait mon esprit depuis quelque temps maintenant n'avait rien à voir avec les quelques os qui devaient être encore présents à cet endroit, si les chiens ne les avaient pas mangés, ce qui arrivait souvent puisqu'il n'y avait pas de cercueil.

Dans ma tête, elle n'avait pas vingt-cinq ans ! Je m'attendais à la voir apparaître, dansant sur sa tombe et me narguant de son air malicieux comme elle le faisait parfois. Je me sentis basculer. Il fallait vite que je me reprenne car mon amie n'était pas au fait de ma connexion épisodique avec ma jeune grand-mère et je n'avais pas encore trouvé les mots exacts pour lui en faire part. Elle savait uniquement que j'effectuais des recherches sur mon aïeule. Voyant mon état, elle me prit gentiment le bras, mettant ma confusion sur le compte de l'émotion. Mais arrivée à l'emplacement de la tombe, j'eus un choc qui me fit trébucher. À ma grande stupéfaction, il n'y avait plus rien ! Je pensais d'abord m'être trompée d'endroit et vérifiais avec les repères habituels, le buisson de buis, l'allée, le poteau indicateur, non, tout était bien présent. Sauf elle. J'aurais dû m'en rendre compte plus tôt car les tombes voisines étaient également manquantes. La mairie avait réquisitionné le terrain puisque les emplacements n'étaient plus entretenus, ce qui était son droit.

Ode constata mon trouble et nous repartîmes sans échanger un traître mot. Comment décrire ce sentiment totalement étrange qui m'habitait ? Sa mort avait été éradiquée. Mais en même temps, c'était impossible puisqu'en l'état de mes recherches elle allait juste se marier avec Maurice, et ils concevraient ensemble l'enfant qui sera mon père. C'était comme si la destruction de cette tombe annihilait ma propre existence ! Son passage sur terre était effacé, elle était rayée de la mémoire des hommes. Son histoire n'avait plus de réalité. La mienne non plus.

Il m'incombait donc la charge de la faire vivre encore un peu, de suivre sa destinée pas à pas comme je le faisais depuis quelques mois. Elle ne pouvait pas mourir une deuxième fois. Je me devais de lui donner une réalité que les autres lui avaient maintenant refusée.

Quand nous rentrâmes chez Ode, j'étais encore sous le choc. Pendant que mon amie vaquait à ses différentes occupations, je m'allongeais quelques instants sur le canapé pour reprendre des forces. Je savais en fermant les yeux que le face-à-face aurait lieu, mais je n'avais ni la volonté ni même l'énergie d'y échapper. Mais il n'eut pas lieu comme je le pressentais, entre elle et moi, mais entre Léonie et son fils, qui lui avait dénié le droit d'être enterrée décemment.

Je ne compris aucune de leurs paroles, ne saisis aucun de leurs mots échangés car tout n'était que cris et hurlements. Je voyais mon père à différentes étapes de sa vie, les images défilaient devant mes yeux à une vitesse délirante. Comme un dessin animé en noir et blanc, sans le son, qui tournait trop vite et répétait toujours les mêmes scènes déchirantes. Face à lui, ma grand-mère, à un âge indéfini, le couvrait d'injures. La scène était d'une violence extrême et semblait ne pas vouloir s'arrêter. Je ressentis une oppression telle que mon corps se mit à trembler. Je voulais briser le cercle, faire cesser le drame, interrompre la fureur de ces échanges mais n'en avais pas la capacité.

Puis une sensation humide sur ma joue, ainsi qu'un poids sur mon avant-bras me tirèrent du cauchemar dans lequel j'étais plongée. C'était Thaïs, la golden retriever, qui avait posé sa patte sur moi et me léchait le visage, consciente que l'état dans lequel je me trouvais n'était pas normal. Je revins à moi doucement, pris la tête de la chienne dans mes mains et la caressais gentiment, la remerciant pour son intervention. Ode arriva en courant, mes cris l'ayant alertée bien qu'elle fut à l'extérieur.

— Qu'est-ce qui t'arrive, Ninette ? Tu t'es fait mal ?

— Non, tout va bien.

Je repris mon souffle.
— Je vais t'expliquer.

***

— Alors tu ne penses pas que c'était par pure avarice que ton père a refusé à sa mère d'être enterrée décemment ?
— Non, il n'était pas comme ça. Il pouvait être généreux quand il voulait. Je pense que c'est lié à des traumatismes plus profonds. Je me souviens de deux ou trois histoires qu'il m'avait racontées quand j'étais enfant. Mais il doit y avoir davantage. Tu sais les fameux carnets noirs dont je t'ai parlé ?
— Les mémoires de ton père ?
— Oui. Je pense que je vais devoir en lire quelques-uns pour trouver la vérité.
— Et le cahier de Léonie ?
— Tu as raison, je l'ai un peu ignoré également. Erwan et moi nous sommes concentrés sur les archives du Nord et sur les lettres. Mais maintenant qu'elle est majeure, le dossier ne contient quasiment plus de documents.
— N'en fais pas trop quand même !
— Je croirais entendre Ronan ! Tu penses que je deviens folle ?
— Non, pas du tout. Je pense même que ces événements sont probablement salutaires.
— Comment ça ?
— Tu connais ce texte de Calvino sur le souvenir ?
Elle se leva, ouvrit une des portes de la superbe bibliothèque qui trônait au salon, et en retira un ouvrage dont une page avait été marquée par un signet.
— Tiens, lis ceci.

Il y a une voix enfouie parmi les voix
enfouies dans le silence, dans l'envers des choses, dans le fond
dans les profondeurs, dans la toile de fond, dans le jardin la nuit,
dans le bois, le lac
dans le reflet de l'eau dans l'envers du feuillage,
l'envers de sons dans l'ombre, l'obscurité illuminée
par la voix l'ombre où le souvenir ne pénètre pas
la non-mémoire est un lac noir et froid
la mémoire garde le silence souvenir de l'avenir
la promesse
Quelle promesse ?
Un souvenir à venir.

Italo Calvino, Luciano Berio, *Un roi en écoute*

— Tu veux dire que ma quête du passé peut être liée à celle d'un souvenir personnel ?

— Oui, je pense que c'est pour ça que ton corps réagit fortement à chaque expérience passée. Comme dit Proust, le corps est un « temple du souvenir ». Et le tien réagit parce qu'il se souvient.

— Mais se souvient de quoi ?

— D'un événement marquant, probablement compliqué, ou d'une personne, d'un objet. Toi seule possèdes la clé de tes souvenirs.

— Parfois, j'ai l'impression d'être dans un film !

— En effet. Pourtant c'est bien toi qui mets en scène l'évocation du passé. Peut-être qu'il y a au fond de toi un vécu traumatique qui ne demande qu'à ressurgir, ce qui expliquerait la densité émotionnelle de ce que tu éprouves à chaque connexion avec Léonie. Simplement, il faut que tu y ailles doucement, ne pas brûler les étapes. Ce que tu vis ressemble à des états hypnotiques qui normalement se font sous contrôle d'un professionnel, tu joues avec le feu.

— Tu penses que je devrais voir quelqu'un ?

— Je ne sais pas. Ce n'est pas à moi de te dire ce que tu dois faire. Fais simplement attention à ce que le passé n'en vienne pas à détruire ton présent.

— Oui, tu as raison. Mon couple en prend un sacré coup en ce moment. Il m'est arrivé plusieurs fois de me dire que j'allais arrêter, qu'après tout le passé de Léonie pouvait rester dans sa tombe. Tombe qui n'existe même plus d'ailleurs. Mais à chaque fois, quelque chose en moi m'y oblige à y retourner. Je pense que mon inconscient a démarré un processus auquel je ne puis maintenant réchapper. Et tu as probablement raison, ce souvenir que j'ai enfoui ne pourra ressurgir que dans une de ses expériences psychiques qui me relient à mon aïeule.

— Souviens-toi de nos cours de philo ! Aristote disait que la réminiscence « consiste à recouvrer la science ou la sensation déjà vécue auparavant : elle est un acte qui permet la mémoire et le ressouvenir ».

— En tous cas, la tienne de mémoire est impressionnante ! Je suis incapable de me souvenir de quoi que ce soit de nos cours de philo au lycée ou de citer Aristote dans le texte !

— Bon d'accord, je triche un peu ! Les classiques m'intéressent et je reprends quelques-unes de nos lectures de temps en temps !

— Ah tu m'as fait peur !

— Il n'empêche qu'Aristote a raison, je pense. Notre connaissance est constituée de ces moments que nous avons déjà vécus. Le processus de réminiscence qu'il décrit est probablement ce que tu es en train de vivre.

— Oui, vu sous cet angle, j'ai peut-être besoin d'aide, je vais y réfléchir.

***

Afin de nous changer les idées, nous décidâmes de sortir pour le repas du soir. Lille était une ville accueillante, pleine de gens de tous âges déambulant le soir dans les rues piétonnes, souvent regroupés autour d'une table à l'extérieur d'un bistrot, un verre de bière à la main. Faisant concurrence à la Belgique, à deux pas de là, des micro-brasseries d'un genre nouveau se créaient dans la Flandre française, sous l'impulsion de quelques passionnés à la recherche de nouvelles saveurs, mélangeant savoir-faire traditionnel et respect de l'environnement.

Ode avait réservé dans un Estaminet, un de ces restaurants du Nord au décor rustique qui servait des plats typiques dans un endroit chaleureux et convivial. Une bonne carbonade à la Jenlain ambrée était le meilleur remonte-moral qui puisse exister. Pour finir, je ne résistais pas à la crème brûlée à la chicorée, spécialité de la patronne et Ode commanda un merveilleux au chocolat qu'elle eut bien du mal à terminer ! Il faisait bon ce soir-là, le temps était vraiment doux et agréable et nous déambulâmes un bon moment dans les rues pavées de la vieille ville avant de rentrer.

Le lendemain, avant de reprendre le train, je fis le plein de gaufres à la cassonade et d'une variété de petites bières locales qui, je le savais, raviraient le palais de mon époux.

De retour à Rennes, je donnais à Ronan une version édulcorée de mon séjour, ne lui racontant que le plaisir d'avoir retrouvé mon cousin et sa famille ainsi que mon amie d'enfance. Je lui relatais brièvement nos conversations animées sur nos ancêtres communs. J'omettais sciemment le récit de mes cauchemars et des visions traumatisantes qui m'avaient à nouveau affectée.

Je pense qu'il ne voulait de toute façon pas en savoir davantage.

Il avait pris la – très exceptionnelle – initiative d'inviter quelques amis pour le lendemain de mon retour, et plus surprenant encore, il avait commandé le repas chez le traiteur pour m'éviter tout tracas domestique. Nous passâmes une excellente soirée. Je notais que Ronan n'avait pas invité Erwan et n'osais lui en faire la remarque. En revanche, mes antennes d'épouse furent en alerte quand une collègue de mon mari, que je rencontrais pour la première fois, eût quelques gestes que je trouvais un peu trop familiers envers lui. Lise, qui était présente, confirma mon intuition. Alors que je me rendais dans la cuisine pour chercher les desserts, elle fut aussitôt volontaire pour m'aider et me glissa :

— C'est qui Barbie ?

Lise avait toujours été assez directe dans ses jugements mais là j'avoue qu'elle avait vu juste. Jeune, élancée, blonde aux yeux bleus et à la démarche féline, cette femme était un vrai danger public. Si en plus elle était intelligente, il y avait péril en la demeure.

— Une collègue. Je ne l'avais jamais vue avant.

— Eh bien, méfie-toi.

— T'inquiète, j'ai vu.

— Ceci dit, je ne voudrais pas être à sa place !

— Comment ça ?

— C'est la seule non accompagnée, et là elle est quasiment en danger de mort !

— Qu'est-ce que tu racontes ?

— Regarde les six femmes présentes. Il n'y en a pas une qui n'ait de mitraillette à la place des yeux. Si l'on pouvait tuer du regard, il y a longtemps qu'elle serait six pieds sous terre ! Et pourquoi Erwan n'est pas là ? On aurait pu lui refiler, au moins ça aurait été drôle !

— Arrête, tu es une vraie peste quand tu t'y mets !

— Peut-être, mais une peste lucide ! Alors, je serais toi, je ferais quelque chose !

— Comment ça ?

— Je ne sais pas. Mais trouve une idée. Tu étais partie plusieurs jours. Quand le chat n'est pas là…

— Bon, arrête tes clichés, tu m'agaces. Même si je dois admettre que tu n'as pas tout à fait tort. Tu crois que Ronan l'a fait exprès ?

— Possible. En tout cas, exprès ou pas, ça fonctionne !

— Alors les femmes, vous complotez ?

Ronan était venu nous rejoindre avec un grand sourire.

Avant que je puisse répondre, Lise, comme à son habitude, avait pris les devants.

— Henriette me demandait des conseils. Mais je ne t'en dirai pas plus, c'est une surprise.

Mon amie m'avait tendu la perche et je ne pouvais plus reculer.

— On en parlera ce soir, mon chéri.

Lise sortit de la cuisine avec le gâteau au chocolat. Je la suivis avec le plat de fraises et la chantilly tout en me demandant ce que je pourrais bien trouver comme idée qui plairait à Ronan d'ici la fin de la soirée.

Quand tout le monde fut parti, que tout fut rangé dans la cuisine et au salon, Ronan m'entraîna gentiment vers le canapé.

— Alors c'étaient quoi ces messes basses avec Lise ?

— Eh bien, j'ai vu une offre pour un aller-retour Rennes Cork pas très chère et je lui demandais si elle avait des idées de ce qu'on pourrait faire à partir de là pour une durée de cinq jours. Si ça te dit, bien entendu !

Ronan m'attira à lui pour toute réponse. Il y avait longtemps qu'il ne m'avait pas embrassée ainsi. L'alcool qu'il avait bu durant la soirée ne devait pas être étranger à son comportement. Mais peut-être que ce n'était pas uniquement ça. Peut-être que Lise avait vu juste après tout. En tout cas, il avait les yeux qui brillaient.

Je continuais sur ma lancée.

— On pourrait louer une voiture, monter jusqu'à Galway, puis longer une partie de la côte ouest, tu m'as toujours dit que tu voulais y aller. Madagascar n'est pas avant deux mois, ça nous donnerait un petit avant-goût de vacances !

Ronan était enchanté. Merci Lise ! Je m'étais souvenu qu'il parlait souvent d'aller en Irlande mais nous ne l'avions jamais fait. Curieusement, nous choisissions souvent des destinations beaucoup plus lointaines. En tout cas, il avait l'air ravi et pour le moment c'était tout ce qui comptait. Je ne savais pas si ça repousserait Barbie, dont le vrai prénom était Julie, mais j'avais bien l'intention d'être vigilante.

Le lendemain, je téléphonais à Erwan pour lui dire que je suspendais toute recherche pour quelque temps. Il était déçu car les lettres qu'il avait lues étaient, disait-il, extrêmement intéressantes. Je lui expliquais alors les raisons pour lesquelles il lui faudrait attendre un peu et il n'insista pas. Il me fallait non seulement organiser notre escapade irlandaise mais je voulais également montrer à mon mari combien je tenais à lui en programmant des petites sorties locales sur des thèmes qui lui plairaient. J'avais de plus besoin de mettre mon esprit en repos quelque temps car mon voyage à Lille m'avait épuisée.

Deux semaines plus tard, Barbie refit surface.

Elle sonna à notre domicile un samedi après-midi. Elle portait une simple robe blanche à manches courtes qui mettait en valeur sa taille et son bronzage. J'avais beau chercher, je ne lui trouvais aucun défaut. Bien entendu, comme je m'apprêtais à jardiner, j'avais revêtu un vieux jean et un long sweat qui avaient vu de meilleurs jours mais qui m'évitaient les éraflures des buissons épineux. Pas coiffée, pas maquillée, des vieilles chaussures aux pieds, il m'était impossible de rivaliser avec l'apparition devant chez moi de la beauté incarnée. Je dus lutter contre une envie irrépressible de lui claquer la porte au nez. Au lieu de cela, je lui fis mon plus beau sourire et appelais Ronan qui était dans son bureau. Mais hors de question de les laisser seuls.

***

Je la fis entrer au salon et préparais des rafraîchissements pour trois que je m'empressais d'apporter.

En réalité, la conversation fut relativement courte. Elle venait dire au revoir à Ronan, qui apparemment avait été son tuteur pendant un trimestre, et tenait à le remercier en lui offrant un livre dont ils avaient parlé. L'échange terminé, elle repartit comme elle était venue. Je n'avais pas dit un mot.

Au moment de sortir au jardin, je ne pus m'empêcher de demander :

— Et elle part où ?

— Elle retourne chez elle, au Canada.

— Bon débarras ! Je marmonnais entre mes dents mais j'étais persuadée qu'il entendît ma remarque. Il ne fit aucun commentaire, ce qui conforta mon pressentiment. À les voir se tenir gauchement tous les deux en ma présence au salon tout à l'heure, j'étais sûr qu'il s'était passé quelque chose entre eux. Peut-être juste un baiser, peut-être plus. Je ne voulais pas le savoir. Mais dorénavant, je serai sur mes gardes.

***

Quelques jours plus tard, je contactais Erwan qui arriva tout excité à l'idée de partager ses trouvailles. Il en aurait presque oublié que les courriers en question m'appartenaient ou du moins provenaient de ma propre famille ! Comme toujours, il alla droit au but.

— Léonie avait à l'Hospice deux compagnes d'infortune, Catherine et Françoise. Elle s'entendait surtout avec Françoise qui avait apparemment le même caractère rebelle que son amie. D'après ce que j'en ai déduit, leurs mères étaient d'origine bretonne. Elles étaient filles-mères et sont parties de chez elles quand elles étaient enceintes et se sont retrouvées à Lille. Comment ? Ça, je ne sais pas mais je suppose qu'il fallait les éloigner de la honte qui aurait éclaboussé la famille et si ça se trouve elles avaient une connaissance dans les Flandres qui justifiait un si long trajet. Là, elles ont abandonné leur enfant mais l'ont reconnu, tout comme l'a fait Eugénie, ce qui leur a permis de le reprendre une fois leur situation améliorée, quelques années plus tard. D'après les lettres, les deux filles étaient cousines. Seule Françoise écrit et j'ai l'impression que Catherine était défavorisée intellectuellement.

— Comment peux-tu le savoir ?

— Des petits sous-entendus faits par Soizic. Ah oui, je ne t'ai pas dit, elles ont repris leur prénom breton qui était inscrit en deuxième prénom sur le registre. Ce sont donc maintenant Soizic et Katell.

— D'accord. Je comprends que ça t'intéresse, mais moi ça ne m'avance pas dans mes recherches sur Léonie.

— Eh bien si, tu vas voir. Pendant que tu étais chez ton cousin, j'ai tout épluché.

— Vas-y, je t'écoute.

— Dans sa première lettre, Soizic explique à son amie que leurs mères sont venues les rechercher pour les ramener à Douarnenez où elles habitaient et travaillaient. L'Hospice de Lille ne les a pas lâchées facilement. Les mères ont dû donner des gages de moralité, de la part des voisins, de la famille et même du curé ! Elles ont dû prouver qu'elles avaient du travail, qu'elles étaient mariées et, je cite, « ne fréquentaient aucun autre homme que leur mari », qu'elles avaient un toit pour leur fille, et que leur patron acceptait de les prendre dans la même usine.

— Ce qui en soi, est une élévation dans l'échelle sociale, puisqu'à l'époque passer de domestique à ouvrière était considéré comme tel.

— Exactement. Non seulement elles retrouvaient une famille, mais elles avaient un emploi plus digne que là où l'Hospice ne les plaçait.

— Tu as une date sur les lettres ?

— Oui, la première date de l'été 1924. Le 25 août.

— Donc avant celle de Léonie qui annonce son mariage.

— Oui puisqu'elle demande son certificat de naissance en janvier 1925.

— Et elle parle de Maurice ?

— Très peu. Soizic parle surtout de sa joie de retrouver une famille. Il semblerait que les choses se soient bien passées mais elle ne donne pas de détails. Juste qu'elles ont été bien accueillies. Françoise ou Soizic précise que les grand-mères sont décédées, et qu'elles habitent en ville. Il a sans doute fallu attendre cet événement pour que les filles puissent revenir. Je n'ai pas leur âge mais les deux cousines étaient plus jeunes que Léonie. Elle mentionne cependant « ce Maurice que tu as rencontré ».

La lettre est assez courte mais elle dit espérer qu'il l'épousera, que c'est un homme bien et qu'il s'occupera bien d'elle. Et elle confirme ce que t'a dit ton cousin, il était maçon de métier. Tu veux la lire ? Je te préviens, cela relève plus du déchiffrage que de la lecture. Soizic n'a pas dû fréquenter l'école de longues années ! De plus, maintenant qu'elle est retournée chez sa famille, ils devaient lui parler breton sans arrêt et elle mélange les deux langues dans ses lettres. Je ne suis pas sûre que Léonie ait tout compris.

— Je la lirai plus tard, je te fais confiance. Et la suivante ?

— La suivante fut un vrai bonheur ! Entre le déchiffrage et les vérifications, j'y ai passé toute une nuit !

— Comment ça, tu m'intrigues !

— Tu te souviens que les mères avaient promis que leur fille aurait un emploi dans une usine de Douarnenez ?

— Oui, et alors ?

— Et bien en 1924, il n'y avait pas beaucoup d'autres possibilités pour une femme que d'être embauchée comme sardinière. Et c'est effectivement là que mères et filles ont travaillé. On les appelait les Penn Sardin ou tête de sardine en français pour faire référence à la coiffe qu'elles portaient. Au début de sa lettre, Soizic reparle de sa mère et de son beau-père. Elle est apparemment bien traitée, mange à sa faim, et profite même de certaines libertés le dimanche. On ne peut pas dire que l'on ressente de l'amour familial, mais je pense que pour l'époque, elle était certainement mieux là qu'à Lille, ou dans une ferme.

— Et leur travail à l'usine ?

— C'est là où ça devient intéressant. Je te fais un résumé. En 1924, il y avait 21 usines de conserves de sardines dans la ville. Les ouvrières étaient âgées de 12 à 80 ans. Elles travaillaient dix heures par jour et parfois jusqu'à 72 heures d'affilée. Quand elles devaient rester à l'usine pour attendre les bateaux et le poisson, leurs heures n'étaient pas payées. Elles travaillaient aussi la nuit, ce qui était illégal pour les femmes à l'époque. Soizic raconte ensuite que les femmes se sont mises en grève, soutenues par leur mari, la plupart du temps marin-pêcheur ! Elles sont descendues dans la rue, près de 2000 d'entre elles, brandissant une pancarte sur laquelle était écrit : « *Pemp real a vo !* » « Ce sera 1,25 franc ! » avec en tête de cortège Monsieur le maire. J'ai vérifié et effectivement, le maire communiste de Douarnenez, un certain monsieur Daniel le Flanchec a pris parti pour les ouvrières.

— Ça devait être plutôt rare à l'époque !

— Effectivement. Et il a payé de sa personne ! Il a été blessé au cours d'une émeute, et il s'est avéré que c'est un des patrons de sardinerie qui avait payé des briseurs de grève pour qu'ils attaquent le maire. Le but était de l'éliminer ! Mais c'est tout le contraire qui s'est produit. Non seulement il a survécu mais l'incident a déchaîné la presse nationale et de plus en plus de monde s'est mis à soutenir ces femmes sous-payées qui travaillaient dans des conditions inhumaines.

Et le plus formidable c'est que les sardinières ont gagné ! Le 8 janvier, après 46 jours de grève, les patrons ont cédé.

— Elles ont obtenu ce qu'elles voulaient ?

— 1 franc de l'heure, le payement des heures supplémentaires ainsi que des primes de nuit et surtout la reconnaissance du droit syndical. Et aucune sanction contre les grévistes !

— Impressionnant ! Et tu connaissais cette histoire ?

— Tout Breton qui se respecte la connaît ! Mais j'en ignorais les détails. D'ailleurs, je me suis souvenu qu'il y avait des chants célèbres, *les chants des sardinières*, qu'elles chantaient pour se donner du courage et oublier leurs conditions de travail épouvantables : rester debout dans des sabots en bois pendant 10 à 18 heures par jour dans une odeur d'huile et de viscères de poisson, le tout sous une chaleur écrasante, n'avait rien d'agréable.

— Oui, je comprends. Le courage de ces femmes était impressionnant. Surtout face à des patrons.

— Il n'y avait pas que les patrons, elles devaient également lutter contre le clergé, très conservateur en Bretagne, et qui n'a jamais vu d'un bon œil que les femmes sortent du rang. D'ailleurs, l'une d'elles s'est particulièrement distinguée, elle s'appelait Joséphine Pencalet. Elle a réussi à être la première femme proclamée élue en Bretagne, en figurant sur la liste du maire de la ville et en participant ainsi à des conseils municipaux. Mais comme les femmes n'avaient pas le droit de vote, cela n'est malheureusement pas allé plus loin.

— Quand même, c'est tout un symbole ! Je comprends que ces lettres t'aient fasciné.

— C'est surtout quand tu relis ce que dit Soizic, la façon dont elle décrit son travail à la chaîne, la manipulation et la mise en boîte des sardines. Tu as l'impression de le vivre en direct. Elle s'exprime pauvrement mais ses mots sont concrets et j'avoue que ça m'a profondément ému. Et en plus, elle ne se plaint pas ! Elle a l'air heureuse d'avoir trouvé une communauté à laquelle appartenir.

— Ces femmes devaient se serrer les coudes entre elles.

— Oh oui, certainement. D'autant plus qu'elle n'était pas seule. Elle avait sa mère, sa cousine, sa tante, et peut-être d'autres membres de la famille dont elle ne parle pas.

— D'accord, je comprends le plaisir que tu as eu à déchiffrer ces documents. Est-ce qu'à un moment elle parle de Léonie ?

— Oui, et c'est pour ça que je te disais que tu y trouverais un intérêt également. Elle compare son travail à celui de son amie, en disant, au début de la lettre, « moi aussi je travaille en usine ». Ce « moi aussi » voudrait dire que Léonie a également passé du statut de domestique à celui d'ouvrière.

— Ah, mais ça, c'est intéressant ! Parce que comme elle est majeure, elle n'a plus aucun compte à rendre à l'Assistance publique et je suis à la fin du dossier des Archives du Nord. Il ne me reste que quelques documents.

Décidément, 1925 a été une année importante pour Léonie ! Un changement de statut social et un mariage !

— Si tu veux, on peut regarder la dernière lettre de Soizic que tu m'as confiée. Y en a-t-il d'autres ?

— Non malheureusement. Je t'ai donné ce que j'avais. J'ai bien fait apparemment, puisque tu me dis qu'elles n'étaient pas faciles à déchiffrer. Soit elles ont arrêté de s'écrire, soit les missives n'ont pas été récupérées par la personne qui les a données à mon père. C'est d'ailleurs toujours un mystère pour moi de savoir non seulement comment elles sont entrées en sa possession mais surtout pourquoi il a inventé cette histoire de mère morte en couches alors qu'il aurait pu prendre facilement contact avec sa grand-mère. Quelque chose m'échappe.

— Tu trouveras peut-être la réponse dans les fameux carnets noirs ?

— Je m'étais dit que je ne les ouvrirais pas. Mon père avait la fâcheuse habitude de transformer la réalité et de systématiquement interpréter les événements à son avantage. De plus, sa paranoïa le plaçait toujours dans le rôle de la victime et je ne suis pas sûre de vouloir affronter ça. Je l'ai vécu pendant vingt ans et ce n'est pas pour rien que je suis partie en Australie. J'avais vraiment besoin de mettre de la distance entre eux et moi.

— Je suis désolée, je ne savais pas que les relations avec tes parents étaient aussi tendues.

— Oh, tu sais, les familles parfaites, ça n'existe qu'au cinéma ! En creusant un peu, nous avons tous nos divergences et nos désaccords avec nos proches. Disons que chez moi les choses étaient légèrement plus exacerbées qu'ailleurs ! Mais il est vrai que mes recherches sur la vie de Léonie font ressurgir un passé que j'avais, probablement inconsciemment, enfoui dans les tréfonds de ma mémoire et que je ne tenais pas forcément à voir réapparaître. Ma mère me comparait sans arrêt à elle mais uniquement concernant les aspects négatifs de ma personnalité. Mais oublions ça, revenons à Soizic si tu veux bien.

— Eh bien justement, il y a quelque chose qui te concerne indirectement et qui fait écho à ce que tu viens de dire. Dans la dernière lettre de Soizic, elle parle de plusieurs choses. Mais quand elle parle de Léonie, c'est en termes affectueux. Elle lui est reconnaissante d'avoir aidé sa sœur. Je t'avais dit que je pensais que Katell était probablement différente ?

— « défavorisée intellectuellement » est le terme que tu as employé. Très politiquement correct comme formule !

— Oui, je pense qu'à l'époque on aurait dit « attardée » ! Comme tout enfant différent, elle devait être la cible de moqueries et d'actes de cruauté. Et il semblerait d'après Soizic que Léonie prenait systématiquement sa défense et la protégeait.

— Tiens, c'est bizarre, Hélène aussi faisait référence à cet aspect du caractère de mon aïeule.

— Donc tu vois, ce terme de méchante qui lui colle à la peau est venu soit plus tard, soit dans d'autres circonstances. N'oublie pas qu'avec ce qu'elle a vécu, elle a forcément dû se forger une carapace pour survivre.

— D'autres choses intéressantes dans la lettre de Soizic ?

— Non, elle parle de sa famille, de son travail et de son nouvel environnement. Elle raconte comment elle est fière d'aller à la messe le dimanche avec ses parents, de mettre une belle tenue, de broder ensuite avec ses tantes. Ce qui m'a frappé, c'est qu'elle emploie plusieurs fois le mot *levenez*, qui veut dire joie, en breton. D'ailleurs, toute sa lettre est positive. Pourtant on sait combien elle travaillait dur, et même après leur grève pour obtenir de meilleures conditions, ça restait un emploi pénible physiquement. Mais le fait d'avoir retrouvé une famille était probablement pour ces deux cousines le meilleur des cadeaux que la vie pouvait leur apporter. En y réfléchissant, leur correspondance s'est peut-être simplement arrêtée.

— Qu'est-ce qui te fait dire ça ?

— Eh bien, elle souhaite à Léonie d'avoir une belle vie avec Maurice, d'avoir des enfants, de toujours trouver du travail, mais elle ne parle pas de continuer à correspondre. C'est peut-être juste une idée que je me fais.

— Ou alors, si on se réfère aux statistiques de l'époque, Soizic est peut-être décédée et comme Katell ne savait pas écrire, les échanges se sont arrêtés.

— Ce n'est pas très optimiste comme perspective mais c'est vrai qu'entre la tuberculose et les autres maladies graves de cette époque, c'est une possibilité fortement envisageable.

Erwan me demanda la permission de photocopier les lettres de Soizic qu'il trouvait intéressantes « sociologiquement parlant ». Bien sûr, j'acceptais.

J'étais heureuse d'avoir eu la confirmation du caractère généreux et combatif de ma grand-mère. De plus, si elle s'était mariée, je devais trouver une trace de certificat de naissance dans le dossier des Archives. Elle aurait eu ainsi accès au nom de sa mère et à l'adresse de sa grand-mère.

En accord avec la promesse que je m'étais faite, j'attendis quelques jours avant de me replonger dans les dossiers. Je proposais à Erwan de venir uniquement un après-midi par semaine, même si cela ralentissait notre processus de recherche. Libre à moi entre-temps de consulter des documents si l'envie m'en prenait.

Nous décidâmes ce jour-là de compulser le dossier des Archives. Tandis que je cherchais la preuve que Léonie avait bien obtenu son certificat de naissance, Erwan tomba sur un document qui me laissa perplexe.

Il s'agissait d'un formulaire prérempli, émanant de l'Inspecteur de l'Assistance Publique du Nord et adressé à Monsieur le Commissaire de la Police Centrale de Lille.

Le document se présentait ainsi :

Demande	Réponse
Comme suite à sa demande du **11 mars 1925**, *j'ai l'honneur de vous prier de vouloir bien faire remettre le certificat d'origine ci-joint à mon ex-pupille* **Houart Léonie** demeurant à **Lille.** *Cette pièce, tenant lieu d'acte de naissance, lui est suffisante pour contracter mariage. (Art. 155 in fine du Code civil.)* **Reçu certificat** **Lille, le 17-03-1925** Léonie Houart	En réponse à la demande ci-contre, **Objet rempli** **En ce qui nous concerne** **Le 17 mars 1925** Le Commissaire de Police (Signature)

Il me fallut lire le document plusieurs fois avant d'en saisir la signification et surtout d'entrevoir les conséquences qu'il avait eues sur l'avenir de Léonie.

— Donc, si je comprends bien, la loi a donné tout pouvoir à l'Inspecteur de l'Assistance Publique de ne pas lui révéler les noms et prénoms de sa mère !

Erwan n'était pas étonné. Ces décisions étaient communes à tous les départements de France.

— C'est exactement ça. Ta grand-mère a reçu un document sur lequel figurait sa date de naissance, son entrée à l'Hospice et son numéro d'immatriculation. Rien d'autre !

J'étais bouche bée.

— Mais c'est inhumain ! D'autant plus qu'Eugénie avait reconnu son enfant ! Pourquoi a-t-il fait ça ?

— Parce qu'il n'avait pas le choix. Juridiquement, toute personne engagée dans le service des enfants assistés est soumise au « secret professionnel » et n'a le droit de divulguer aucune information. Le certificat de naissance est remplacé par un « certificat d'origine ». N'oublie pas que c'était il y a cent ans !

— Et comment le législateur pouvait-il justifier une telle mesure ?

— Alors ça, c'est passionnant. L'administration de l'époque estimait que c'était dans « l'intérêt de l'enfant ». Elle avait deux arguments, non dénués d'intérêt.

Je reconnaissais bien là la position d'historien que prenait Erwan mais à mon avis rien ne pouvait justifier un tel déni d'origine. J'écoutais cependant sa réponse.

— Premièrement, le gouvernement voulait éviter les « placements provisoires ». C'est-à-dire permettre aux parents de déléguer l'éducation de l'enfant jusqu'à ce qu'il soit en âge de travailler, date à laquelle il serait repris par la famille, davantage comme employé que comme fils ou fille. En d'autres termes, ne pas s'occuper d'une bouche à nourrir mais récupérer un valet de ferme gratuit, par exemple. L'idée était de responsabiliser les familles et ne pas les inciter à se décharger sur la collectivité.

— Charmant ! Et l'autre argument ?

— L'État estimait que pendant les années passées auprès des nourrices et du personnel de l'Assistance publique, l'enfant apprenait les vraies valeurs de la République. Et le remettre à des parents que l'on soupçonnait de vivre dans la débauche, que ce soit par l'alcool ou autre, ruinait tous les efforts réalisés et l'argent investi.

— Donc Léonie n'avait aucune chance.

— Aucune. D'ailleurs, la recherche de ses origines était fortement déconseillée. À l'époque, le culte du secret dominait et le droit de l'enfant assisté, même devenu adulte, était réduit à des considérations matérielles. Il devait être nourri, logé, habillé et éduqué.

— Pourtant Soizic et Katell ont été reprises par leur famille ?

— C'est vrai. Il existait des exceptions pour certains jeunes qui approchaient de la majorité et dont les parents offraient des garanties nécessaires. C'était un peu le parcours du combattant, mais j'ai vérifié et cela a existé.

— C'est pour ça que tu y as passé des nuits ? lui demandais-je en riant.

— Oui mais tu me connais, c'est ma passion. J'ai lu quantité de lettres de jeunes assistés qui demandaient que leur soient révélées leurs origines. Elles étaient toutes plus poignantes les unes que les autres. Mais peu obtinrent satisfaction. Et tu sais, encore maintenant, c'est terriblement compliqué pour un jeune de savoir d'où il vient, même si la loi a quelque peu évolué.

***

C'est donc le 11 avril 1925 que Léonie épousa Maurice.

Sur la photo de mariage, un couple triste aux origines manifestement modestes. À l'époque, on ne souriait pas et les clichés étaient pris en studio, ce qui ôtait tout caractère naturel aux prises de vue.

Léonie est assise sur une chaise en paille, décorée de fleurs pour donner un côté festif à l'événement. Elle est revêtue d'une robe très simple aux couleurs sombres, sans doute sa tenue du dimanche, et tient un tout petit bouquet dans les mains. Maurice est debout à ses côtés, comme s'il se demandait ce qu'il faisait là. Il a une tête de doux rêveur, très loin de l'image du mâle dominant et protecteur que l'on voit parfois sur des portraits des années vingt. Aucun contact entre les deux époux, aucun regard. Ils fixent tous deux la caméra et donnent l'impression de vouloir en finir au plus vite avec cette corvée qui peut être imposée soit par la famille, soit par eux-mêmes pour suivre la tradition.

De photos de famille, je n'en trouvais aucune. Les parents de Maurice avaient-ils peu apprécié l'union de leur fils avec une enfant de l'assistance ? C'était un bel homme, il avait un travail, sans doute espéraient-ils mieux pour leur enfant qu'une pauvre femme aux origines inconnues.

Je cherchais dans son journal des indications sur leur relation. Mon père étant né en mars 1926, elle n'était pas enceinte lors de ses noces. C'était donc une union choisie et consentie. Mais je ne trouvais nulle trace de mots d'amour ou quoi que ce soit en rapport avec leur histoire et plus tard leur mariage. Par pudeur ? C'est fort possible. Ma grand-mère ne s'épanchait pas. Je n'ai aucun souvenir de moments affectueux partagés avec elle.

En revanche, je trouvais des textes, relativement courts, où elle décrivait son travail à l'usine.

***

Moi je préfère embaucher à 5 h.

Je prends mon vélo, je suis libre. À 6 heures je suis rentrée, il y a beaucoup d'enfants dans la courée.

Toute la journée je fais des nœuds.
C'est pas une vie.
Des nœuds, toujours des nœuds.

Il fait chaud, il y a du bruit.
Et faut aller vite, toujours plus vite.

Aujourd'hui c'est la paye.
C'est pas beaucoup.
Mais c'est à MOI !

À midi la tartine au saindou.
Et le rire avec les copines.

Je hais ce monstre.
Le bobinoir qu'ils l'appellent.

T'es qui toi pour me dire d'aller plus vite ?
Je t'emmerde !

Je les montrais à Erwan qui sourit.

— Toujours rebelle, ta grand-mère ! Il y en a d'autres ?

— Il n'en reste qu'un.

Le petit bouge tout le temps.
Ça devient dur.

— En tout cas, c'est fascinant !

— Tu trouves ? Moi j'ai du mal à donner du sens à tout ça. A part le dernier où j'ai compris qu'elle était enceinte, le reste est un peu confus.

— Tu sais où elle travaillait ?

— La Lainière de Roubaix.

— La grande filature ?

— Oui. Tu connais ?

— C'est une vraie institution ! Près d'un siècle à exploiter les ouvriers. Et surtout les ouvrières, d'ailleurs. Mais ils ont aussi fourni du travail aux hommes et femmes de la région, et à beaucoup de Belges qui passaient la frontière.

— Comment se fait-il que tu connaisses les filatures du Nord ?

— Les industries textiles faisaient vivre des régions entières. Même cas de figure en Bretagne du temps de la culture du lin et de son utilisation pour les voiles des bateaux aux XVIIe et XVIIIe siècles. Mais quand ces industries s'effondrent, le choc est immense pour les populations. Il y a d'énormes répercussions économiques et sociales.

— Et ces chutes sont dues à quoi ?

— En ce qui concerne la Bretagne, la concurrence d'autres pays et la mécanisation des outils de travail. Pour le Nord, c'est un peu différent, leur déclin est surtout dû à la concurrence asiatique qui avait des coûts de production très bas et des salaires très faibles. C'est d'ailleurs toujours le cas.

— D'accord, je comprends mieux. Tu peux m'aider à décoder un peu les textes de Léonie ?

— Dans le premier, elle dit qu'elle embauche à 5 h. Cela veut dire qu'elle n'habitait pas loin. Elle dit aussi qu'elle prend son vélo. D'autres ouvrières venaient de loin. Les industries du textile avaient tellement besoin de main-d'œuvre, et du genre « bon marché », qu'elles affrétaient des bus pour aller chercher les femmes dans les cités minières. Du côté de Lens par exemple. Le matin, elles entretenaient leur maison, s'occupaient des petits, puis prenaient le bus à 11 h, commençaient leur travail à 13 h et finissaient à 21 h. Elles rentraient chez elles vers 22 h.

— Elles faisaient des sacrées journées !

— Oui, et tout ça pour un salaire de moitié inférieur à celui des hommes. Mais c'était quand même un complément de revenu qui permettait à la famille de joindre à peu près les deux bouts. Quant à la courée, il s'agissait de petites maisons quasi insalubres bâties par les industriels et louées aux ouvriers. Une façon pour eux de les garder à portée de main.

— D'accord. Autre chose ?

— Elle parle de ses conditions de travail. Elle était certainement au bobinage. Il fallait passer des fuseaux, très rapidement, et faire des nœuds de tisserand. C'était très répétitif et les femmes travaillaient dans un vacarme incessant sous une chaleur suffocante. En plus, elles étaient surveillées par des contremaîtres qui leur menaient la vie dure, parce qu'ils devaient respecter une certaine cadence de production sinon c'était leur prime qui y passait. D'où le langage fleuri de Léonie qui ne devait pas toujours se laisser faire. Mais les femmes n'avaient pas le choix. Beaucoup y ont perdu leur santé, physique ou mentale.

— C'est étonnant qu'elle ait voulu mettre tout ça par écrit. Peut-être que ça l'aidait. Et puis on ressent comme une certaine fierté. Celle d'avoir son propre argent, par exemple, de ne pas devoir le donner à des parents. Peut-être aussi, pour la première fois, une impression de liberté.

— Tu sais comment ça s'est passé ensuite ? Est-ce qu'elle a continué à travailler ?

— Non, son cahier s'arrête là. Elle n'avait probablement plus le temps d'écrire après la naissance de l'enfant. Il va falloir que je me résigne à lire les carnets de mon père.

— Tu te rends compte du travail que tu as déjà accompli ? Toutes ces recherches ! Je sais ce qu'elles ont pu peser sur toi à certains moments.

— C'est vrai. Mais j'ai beaucoup appris. Et je ne regrette rien, même si je sais que le chemin n'est pas terminé. Je sens qu'il y a plus, qu'il y a autre chose. Pour Léonie comme pour moi.

— Et les Archives du Nord ? Tu es arrivée à la fin du dossier ?

— Non, il me reste 4 documents, mais datés de 1935 à 1938. Tu me connais, j'aime faire les choses dans l'ordre. Je les regarderai plus tard.

— Écoute, je voulais te dire… les carnets de ton père sont peut-être des documents très sensibles. Je te suis déjà infiniment reconnaissant d'avoir partagé le reste avec moi. Si tu penses que j'empiète trop sur ton domaine privé, tu n'as qu'un mot à dire et je me retire. Mon intérêt est celui d'un historien, tu le sais, mais parfois l'histoire personnelle et la grande Histoire peuvent être trop proches. Alors, n'hésite pas.

— D'accord. Je note. En vérité, je ne sais pas du tout ce que je vais y trouver, mais c'est vrai que j'appréhende un peu.

Chapitre IX

Ma naissance fut le pire jour de sa vie.
11 mars 1926. Une date à marquer d'une pierre noire.

Au début, tout allait bien. Ma mère avait mal, mais lors de l'accouchement les femmes enduraient à l'époque une souffrance d'une telle intensité que peu d'hommes avaient la force ou le courage d'être à leur côté.

On espérait juste qu'elles survivraient.

Le travail se poursuivait normalement, et je sortis enfin, poussant mon premier cri.

Mais quand la sage-femme me souleva et qu'elle annonça « c'est un garçon », sa voix la trahit.

Ce qui devait être une joie pour ma mère et une revanche sur la vie se révéla être davantage une catastrophe, une honte, un malheur, un cauchemar. Qui allait devenir le mien.

Les tantes accoururent aux hurlements de désespoir qu'elle poussait sans retenue.

Quand elles entrèrent dans la pièce, leurs regards se figèrent sur cette chose immonde.

Mon pied et ma cheville gauche étaient entièrement tordus.

Son fils avait un pied bot.

Jamais elle ne lui pardonna.

***

Hôpital Saint-Antoine-de-Padoue
329, Boulevard Victor-Hugo
LILLE

TÉLÉPHONE 3819
C^TE CHÈQUES POSTAUX LILLE N° 36382

Lille, le 19

Entrée	22 Juillet	1929	1re position
Sortie	30	"	
Entrée	30 Octobre		
Sortie	23 Novembre		2e position
Entrée	30 Janvier	1930	
Sortie	4 Février	"	3e position
Entrée	29 Avril	"	
Sortie	15 Mai	"	

Ma mère m'a appelé Germain. Elle m'a dit qu'au moins j'avais de beaux yeux bleus.

Je fais des allers-retours entre l'hôpital et la nourrice. Les médecins font ce qu'ils peuvent pour reconstruire mon pied et ma hanche.

Mon père est parti quand j'avais deux ans. Chassé ou départ volontaire ?

Je ne sais pas, mais je ne le vois plus.

Ma mère travaille énormément. Parfois, elle fait deux postes à l'usine, le premier à 5 h et le deuxième à 21 heures.

Alors je ne la vois pas beaucoup non plus.

Quand j'étais petit et avant que je ne connaisse le mot « pied bot », elle m'a raconté que ce sont les tantes qui ont tiré sur ma hanche pour la déboîter à ma naissance. Elles se disputaient pour avoir ma garde. C'est leur faute si je boîte. Enfin, c'est ce qu'elle disait.

Heureusement, la nourrice est gentille.

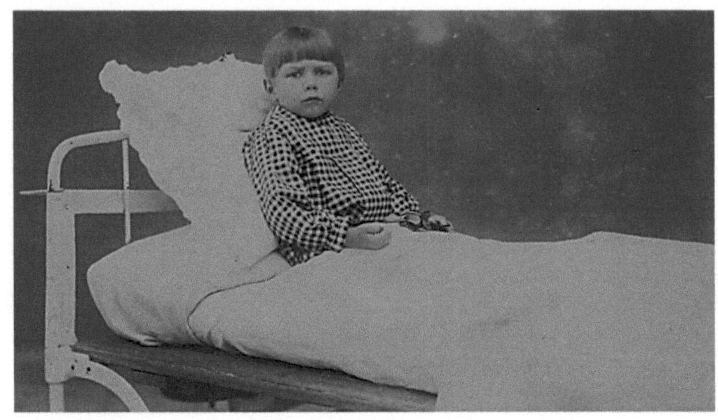

Je suis au sana, comme on dit, à Zuydcoote, au bord de la mer mais je ne la vois jamais. Parfois quand ils ouvrent les fenêtres, on l'entend et on peut même la sentir.

Ma mère m'y a déposé à mes 4 ans. Je suis rentré à la maison quand j'en avais 7.

Elle vient me voir deux fois dans l'année, une fois l'été et une fois à Noël car le transport coûte trop cher. Je ne reçois jamais de cadeau. Heureusement, il y a quelques jouets que les infirmières prêtent aux enfants. C'est chacun son tour.

Il y en a qui sont gentilles, d'autres moins.

J'aimerais bien apprendre à lire. Quand il y a des livres, je regarde les images. Et comme ça, je rêve un peu.

MINISTÈRE DE LA SANTÉ PUBLIQUE

Sanatorium National Vancauwenberghe

HOPITAL MARITIME

ZUYDCOOTE (Nord)

Téléphone :
350 - DUNKERQUE

Zuydcoote, le 13-12 1931

Monsieur,

Votre petit garçon, qui a été opéré le 9 Novembre – et dont j'ai dû certainement vous donner des nouvelles, comme je le fais toujours, continue d'aller aussi bien que possible. Il est appareillé en bonne attitude et il y a lieu d'attendre de l'intervention les meilleurs résultats.

Agréez, Monsieur, mes sentiments dévoués.

[illegible]

NOTA. — Les demandes de renseignements ou de permis à demi-tarif doivent être accompagnées d'un timbre pour la réponse. — Le Sanatorium n'accepte pas de traites.

Je n'ai aucune nouvelle de mon père mais il paraît qu'il a écrit au chirurgien pour savoir si mon opération avait bien marché.

C'est dur de dormir avec tout cet appareil. C'est une poulie qui tient ma jambe. J'ai souvent très mal mais on m'a dit qu'un garçon, ça ne pleure pas.

Ça y est, je suis rentré à la maison. Les opérations n'ont pas marché et je boîte toujours beaucoup.

Maintenant, je vais à l'école. Je n'ai pas de livre à moi mais j'apprends en classe et la maîtresse dit que je vais rattraper très vite. J'essaye de travailler du mieux que je peux, même si je n'aurai jamais de bon métier. C'est ma mère qui me l'a dit.

Les élèves me font parfois du mal parce que je ne peux pas courir et que j'ai une drôle de chaussure. Ils disent aussi que je n'ai pas de père, que je suis un bâtard. Moi je leur dis que ce n'est pas vrai, que mon père ils ne le voient pas parce qu'il est gendarme, et qu'il est en mission.

Ma mère m'a dit que je suis mauvais. Que c'est le diable qui m'a mis au monde. Pourtant je fais tout ce que je peux pour l'aider. Quand elle est à l'usine, je lave les sols de la maison, je prépare le repas, je casse le bois pour le feu et je fais mes devoirs. J'essaye de m'améliorer pour pas recevoir trop de gifles quand elle rentre.

Le dimanche, parfois on va chez son amie Gisèle. Mais je n'aime pas y aller parce que je dois rester assis sur une chaise et ne pas bouger. Il n'y a ni livre ni jouet.

La dernière fois, son amie n'était pas contente parce que comme je m'étais endormi sur la chaise et que je ne me réveillais pas assez vite quand ma mère a voulu partir, elle a pris le tisonnier brûlant et me l'a mis dans le dos. Gisèle lui a dit de ne plus faire ça. Pourtant ce n'était pas la première fois. J'ai plusieurs trous dans mon dos.

Ce que j'aime bien c'est le patronage. On apprend à être un bon catholique.

Je ne peux pas courir mais je me débrouille quand même pour certains jeux. Et l'abbé m'a dit que j'étais intelligent, même si ma mère m'a dit que ce n'est pas vrai, qu'il a juste dit ça pour avoir des sous à la quête.

Ma mère s'est remariée en janvier. Il s'appelle Charles. Moi je l'appelle Monsieur. De toute façon, il n'est pas resté, alors ça ne compte pas. On est de nouveau que nous deux.

Quand elle veut, elle peut être gentille, ma mère. J'aime bien quand elle rit.

J'ai fait ma communion. Les tantes m'ont acheté un costume et j'avais un beau brassard blanc sur le bras.

Quand j'ai dit au curé que je voulais être enfant de chœur, il a fait venir ma mère et lui a dit que les dames de la paroisse n'aimeraient pas voir un boiteux le dimanche à l'église.

Alors on n'a plus jamais été à la messe.

***

3 septembre 1939.

La France déclare la guerre à l'Allemagne.

J'ai 13 ans.

Ce sont encore les vacances scolaires mais le tocsin retentit, il n'y a plus de doute. Ma mère est très inquiète, elle a déjà vécu une guerre avec les Allemands et elle les craint. Elle sait ce qu'ils peuvent faire aux civils. Elle m'a raconté qu'à l'époque elle travaillait dans une ferme et qu'il fallait vraiment se méfier d'eux. Beaucoup d'adultes comme elle pensaient que celle de 14-18 serait la dernière. Ces semaines passées, on avait encore un peu d'espoir de voir la paix, mais là c'est fini.

Des amies de ma mère partent en Normandie ou en Bretagne dans leur famille. Mais nous, on reste là. On n'a pas trop le choix. De toute façon, les tantes on ne les voit plus et ma mère m'a dit qu'elle n'avait personne.

J'ai croisé mon père une fois, par hasard dans la rue. Je l'ai bien reconnu car j'ai sa photo. Lui a fait semblant de ne pas me voir. Pourtant, avec ma jambe qui traîne, je suis certain qu'il savait que c'était moi.

Le 2 octobre, c'est la rentrée des classes. Le Directeur nous a expliqué qu'on aurait un emploi du temps allégé en revanche nous devrons apprendre de nouvelles choses pour nous préparer à la guerre : nous dissimuler sous les tables pour nous protéger des éclats de vitre, rejoindre un abri si la sirène annonce un bombardement ou bien mettre le masque à gaz. Nous sommes nombreux dans la classe à ne pas en avoir, car il faut l'acheter et ma mère m'a dit que ce n'était pas nécessaire.

Le premier hiver, on n'a pas trop vu la différence à part que le charbon est plus cher. Il fait très froid, alors on dort parfois tout habillé et on rajoute une couverture. Ma mère m'a montré comment chauffer une brique dans le poêle le soir avant de l'éteindre et la mettre entre les draps pour apporter un peu de chaleur avant de s'endormir.

Le soir, on mange moins qu'avant. Tout devient plus cher, l'huile, le sucre, les pâtes et les pommes de terre surtout. Quant à la viande, on n'en a presque plus.

Et puis au mois de mai, a eu lieu la grande bataille de Lille. Nos soldats se sont bien battus mais ils ont dû se rendre, faute de munitions. Grâce à eux, le maître nous a dit que d'autres soldats, à Dunkerque, avaient pu rejoindre l'Angleterre, et que les Allemands étaient furieux. Ça fait toujours plaisir de savoir qu'on les a bernés, même si on en a payé le prix.

Le 28 mai 40, les Allemands envahissent Lille. Je n'oublierai jamais cette date. Ils ont installé une Kommandantur sur la Grand' Place.

Nous, on doit partir de Fives, le quartier a été bombardé car les Allemands veulent détruire les usines métallurgiques.

Mai, je me souviens, c'est aussi le premier exode, c'est là qu'on a entendu les Stukas fondre sur les voies ferrées. Je crois que de toute ma vie je n'oublierai jamais le bruit de ces avions quand ils descendent sur nous. Je les entends encore dans mes cauchemars.

En juin, ma mère a décidé qu'on devait partir. Elle a une amie qui est dans l'Oise et qui lui a dit qu'on serait mieux là-bas. Alors on a pris la route avec des voisins qui ont une charrette. Ils me laissent monter dedans car je ne pourrai pas marcher aussi vite et aussi longtemps que les autres avec ma jambe de travers. On a rejoint le convoi avec beaucoup d'autres gens comme nous. Du là où je suis, perché sur une valise, je vois la colonne qui grossit de plus en plus. On a fait beaucoup de kilomètres. Les femmes commencent à s'épuiser et se relaient sur la place libre à côté de moi.

Et tout d'un coup, ils sont arrivés.

Les Stukas.

Tout le monde s'est couché par terre, parce qu'ici il n'y a pas de petit bois pour se planquer. Moi j'ai juste mis ma tête dans mes genoux et je me suis bouché les oreilles en collant mes mains dessus, aussi fort que je pouvais. Quand j'étais sûr qu'ils étaient partis, j'ai tout de suite regardé si maman était là. Heureusement, elle s'est relevée. Mais il y en a qui sont restés au sol.

On a repris la route.

Puis, de nouveau, les Stukas nous ont mitraillés.

Alors ma mère et les voisins ont décidé de rentrer. Quitte à mourir, autant être chez soi, ont-ils dit.

Nous nous sommes mis sur le côté, on a partagé l'eau, le pain et le saindoux qu'on avait puis on a fait demi-tour.

Une vision de l'enfer. Des enfants perdus qui pleurent toutes les larmes qui leur restent, des adultes morts, un vrai cimetière d'humains, d'animaux et d'objets hétéroclites. Bicyclette, charrues, automobiles.

Certains en profitent et se servent.

C'est la première fois que je vois la mort d'aussi près. J'apprends le mot cadavre. C'est un mot aussi laid que ce qu'il représente.

Ma mère me dit que j'ai de la chance, que beaucoup de ces enfants vont finir à l'Hospice et connaîtront la vie qu'elle a connue. Elle parle peu de son enfance, mais je sais qu'elle a été très malheureuse. Une seule nourrice lui a montré un peu d'affection.

Elle ne sait rien de ses parents. C'est là que je sens qu'elle aurait voulu avoir un enfant normal, pas un handicapé comme moi, et fonder une vraie famille et peut-être qu'elle aurait été heureuse. Mais tout est de ma faute.

De retour à la maison, on s'organise pour trouver de la nourriture. Ma mère fait de la couture chez une bourgeoise qui lui en fournit un peu. Sinon moi je fais la queue et parfois les gens ont pitié et me laissent leur tour. Nous avons droit à 300 gr de pain par personne mais il est noir et a le goût du caoutchouc. Pour la viande, on a droit à 180 gr par semaine. On reçoit des tickets pour toute la nourriture mais quand il n'y a plus rien dans l'épicerie, on doit faire sans. Manger est devenu ce à quoi on pense le plus. Parfois à l'école on s'endort. Mais le maître ne dit rien. Le matin, il faut chanter « Maréchal, nous voilà ! » en levant les couleurs. Monsieur le fait parce qu'il est obligé mais on sent bien que ça ne lui plaît pas trop même s'il nous a fait un discours devant le directeur en disant que Pétain était « Notre père à tous ! ». Certains doivent maintenant porter une étoile jaune. Ma mère m'a expliqué que c'est parce qu'ils étaient juifs et qu'il valait mieux ne pas jouer avec eux. De toute façon, au bout d'un moment, on ne les a plus vus.

Ce qui m'embête c'est ma chaussure spéciale. Elle est trop petite et tout usée. Je l'ai rafistolée avec du pneu que j'ai trouvé mais elle ne tient pas bien.

La France est divisée en deux zones. Nous, dans le Nord, nous sommes en zone occupée.

Même quand on n'est pas juif, il faut se méfier des boches. J'ai failli me faire arrêter une fois parce qu'il était tard et que j'étais encore dehors. Je les ai vus au bout de la rue et j'ai pensé que j'étais foutu. Mais une dame qui habitait dans une des petites maisons m'a entendu et a ouvert sa porte. Elle m'a vite fait entrer chez elle avant qu'ils ne me voient.

Les étés, je vais à la campagne chez une amie de ma mère. C'est moins inquiétant qu'être en ville même si on ne mange pas beaucoup mieux. Des topinambours et des rutabagas à presque tous les repas et sous toutes les formes. Au bout d'un moment, on a presque envie de vomir rien qu'à les voir. Mais il n'y a plus que ça.

De temps en temps, ma mère va en Belgique. Elle rapporte du tabac qu'elle cache sur elle à la frontière et ensuite elle l'échange contre autre chose. Du sel, par exemple.

Elle a veillé à ce qu'on reste en vie, à ce qu'on ait assez à manger sans devoir jamais voler comme ont dû le faire certains, et même si on a eu froid et faim, on est encore debout, vivants, et bien décidés à le rester.

On a dû quitter Hellemmes car les ateliers SNCF ont été bombardés et du coup nous aussi.

En tout, on a déménagé 7 fois. De toute façon, on ne possède pas grand-chose !

À chaque fois, c'était à cause des bombardements.

Le plus dur c'est au printemps 44 quand on a passé une nuit entière sous les bombes alliées. Même si on savait qu'ils chassaient les Boches, il fallait quand même de la chance pour pouvoir s'en sortir. On s'est caché dans les caves mais parfois elles n'étaient plus accessibles parce que la maison entière s'était écroulée sous l'impact des obus. Toute la nuit, on a eu peur. À chaque fois qu'on entendait le sifflement avant la tombée du projectile, on pensait que c'était la fin. Et puis des morts. Des morts partout. On ne pourra jamais oublier.

Et enfin un jour le 3 septembre, Lille a été libérée par les Anglais.

Enfin libres !

Même s'il n'y a toujours rien à manger, qu'on sait que ça va être long pour tout reconstruire, au moins on ne vivra plus dans la peur. Mais on entendra longtemps dans nos têtes le claquement des bottes sur les pavés, les portières de leurs Citroën noires lorsqu'elles se ferment d'un coup, leurs cris et aboiements, et surtout, les avions qui apparaissent soudain dans le ciel, descendent, larguent leurs bombes et repartent. Puis à chaque fois, quelques secondes de silence avant que n'apparaisse la fumée, et que l'on entende les hurlements des blessés, les pleurs des survivants et les sirènes des véhicules de secours.

C'est long une guerre.

Plus que les images, ce sont les bruits qui vont me hanter. Plus que la vue des cadavres, c'est la peur qui va rester implantée dans mon cerveau.

Privé d'enfance pour cause d'hospitalisation, privé d'adolescence pour cause de conflit, je voudrais enfin vivre !

***

J'ai dix-huit ans maintenant.

Dans trois ans, je serai majeur.

Malgré la guerre, j'ai continué à étudier. Je suis bon élève et assez doué en dessin. J'aime surtout les plans, calculer les surfaces, inventer des bâtiments et rêver à comment reconstruire la ville. Je voulais faire du dessin industriel mais ma mère m'a dit que ce n'était pas un métier et m'a obligé à suivre des cours de comptabilité. Heureusement, j'aime bien les chiffres. Peut-être qu'un jour je pourrai de nouveau dessiner et peut-être même apprendre à peindre. En attendant, je dois toujours faire ce qu'elle dit. Son caractère ne s'est pas amélioré, au contraire. Jamais je n'oserais lever la main sur elle alors qu'elle l'a fait tant de fois sur moi. Quand je lui dis que je vais partir, elle me dit qu'elle appellera la police et comme je suis mineur, j'irai en prison.

Les jeunes vont maintenant au bal. Moi je ne peux pas danser mais je les regarde. Je m'accoude au bar, je me tiens bien droit pour qu'on ne remarque pas ma jambe tordue et j'ai un petit succès auprès des filles, elles me disent que je ressemble à un acteur de cinéma. Il faut dire que beaucoup de garçons de mon âge sont morts sous les bombes, alors j'aurai peut-être ma chance.

J'ai rencontré ma demi-sœur, la fille que mon père a eue avec sa nouvelle femme. Elle s'appelle Christiane. Elle est très belle. Elle m'a dit qu'elle était contente d'avoir un frère et que son père parlait de moi. J'ai du mal à comprendre, lui qui ne s'est jamais occupé de moi, mais je suis heureux qu'elle existe et nous nous entendons à merveille.

Lors d'une de ses crises, ma mère a pris mes affaires et les a jetées dehors. Elle m'a mis à la porte.

Mais j'ai 19 ans. Je suis encore mineur.

Encore deux ans à tenir.

Je suis recueilli par la nouvelle famille de mon père. Par fierté, je l'appelle Monsieur. Sa nouvelle femme est quelqu'un de dur, qui ne fait pas de sentiment. Mais je suis avec ma sœur et même si nous vivons dans des baraquements de fortune, je ne suis pas malheureux. J'ai trouvé du travail comme employé dans le service de gestion d'une grande société à Lille et dès que possible je prendrai enfin mon indépendance.

L'assistante du patron est mignonne. Elle est mince, a de beaux cheveux noirs et des yeux de la même couleur. Je me rends compte que je commence à trouver des prétextes pour aller dans son bureau. Je lui dis des mots gentils, elle y est sensible, me sourit en retour, peut-être ai-je une chance ?

Chapitre X

J'ai refermé le carnet libellé Enfance.

Les vingt premières années de la vie de Germain, mon père.

C'est le temps où tout se décide, c'est à ce moment-là que le caractère se forge, que l'amour que l'on reçoit nous permet ensuite d'affronter les événements qui nous attendent.

La lecture du livret fut pour moi riche en enseignements.

À commencer par le style. J'ai été surprise de voir comment il s'était plongé dans le passé et dans ses souvenirs d'enfance avec une telle intensité qu'il avait adapté son écriture à l'âge auquel il se référait. Peut-être était-ce inconscient de sa part. D'abord celui d'un petit garçon, né avec une différence et rejeté par sa mère, puis un jeune adolescent sous le traumatisme d'un conflit mondial, et enfin, la voie vers l'émancipation et l'indépendance.

Quand Erwan arriva cet après-midi-là, je lui tendis le carnet et lui en proposa la lecture.

— Tu es sûre ?

— Oui certaine. J'ai besoin de ton avis en tant qu'historien sur ce qu'il décrit. Pendant ce temps, je vais regarder les documents restants dans les Archives du Nord.

— Quelque chose t'intrigue ? Je vois que tu as l'air contrariée.

— Oui, c'est cette histoire de remariage avec un homme dont je n'ai jamais entendu parler ! Mon père ne m'a jamais dit qu'il avait eu un beau-père ! Elle a quand même fait deux tentatives pour construire un foyer. Et elle a échoué les deux fois.

Erwan s'installa confortablement dans le fauteuil pendant que je déchiffrais les derniers documents concernant Léonie.

Le premier était une lettre manuscrite, très courte, sur un papier à en-tête de la Préfecture de Lille.

Lille, le 19 décembre 1934

Monsieur l'Inspecteur de l'Assistance publique,

Ancienne pupille de l'assistance publique et ayant besoin d'un acte de naissance, comme je suis née à Lille, pourrai-je m'adresser directement à la mairie ou dois-je l'obtenir par votre intermédiaire ?

Dans l'attente de votre réponse, je vous présente, Monsieur l'Inspecteur, mon profond respect.

Léonie Houart

J'y notais la déférence dont elle faisait toujours preuve en s'adressant à l'Institution qui l'avait recueillie.

Il semblerait qu'à cette date elle était toujours sans espoir d'avoir un acte de naissance. Le visa tamponné sur la lettre ne laissait aucun doute, l'Assistance publique protégeait toujours le secret qu'elle détenait.

Mais mon père avait dit vrai, sa mère s'était bien remariée en 1935 avec un certain Charles. Je m'étonnais de n'en avoir jamais entendu parler. Il semblerait cependant que l'union ait été de courte durée. Léonie était-elle invivable ?

La dernière lettre de Léonie dans le dossier datait de 1938.

Hellemmes, le 11 octobre 1938

Monsieur l'Inspecteur de l'Assistance publique,

Ancienne pupille de l'assistance publique, je prends la liberté de vous écrire pour vous demander Monsieur s'il serait possible d'avoir des renseignements par votre intermédiaire sur mon origine et savoir si j'ai encore des parents.

J'espère, Monsieur, que vous prendrez ma demande en considération et vous me rendrez grand service car je me sentirais plus heureuse que d'être seule.

Je vous présente, Monsieur, mon Profond Respect.

Léonie Houart

La réponse, tapée à la machine, arriva quatre jours plus tard.

15 octobre 1938

Madame,

En réponse à votre lettre du 11 octobre, je ne puis guère vous donner de renseignements précis sur votre famille.

Votre mère Houart Eugénie avait, lorsqu'elle vous a abandonné l'intention de vous reprendre. Depuis ce jour déjà lointain, nous n'avons eu aucun renseignement concernant votre famille.

Veuillez agréer, Madame, mes salutations distinguées.

L'Inspecteur départemental

Ce dernier document clôt le dossier de Léonie.

Germain avait raison.

Sa mère avait un besoin bien compréhensible, non seulement de savoir d'où elle venait, mais également de retrouver un parent avec qui elle aurait pu éventuellement se reconstituer une famille.

Mais je restais dubitative. Pourquoi l'inspecteur avait-il fait le choix de ne révéler à ma grand-mère qu'une partie des informations qu'il détenait ? S'il lui avait donné ne serait-ce que la ville d'où elle provenait, il lui eut été possible de retrouver sa mère, qui était encore en vie. Fresnes sur l'Escaut est à une distance suffisamment raisonnable de Lille pour qu'elle puisse faire le trajet. L'acte de naissance de Léonie précise, dans la marge, qu'Eugénie est décédée en 1951. Les deux femmes auraient pu ainsi se retrouver.

À moins que l'inspecteur ne voulût protéger une femme qui avait fait un choix à un moment de sa vie. Mais était-ce vraiment à lui d'en décider ?

Les histoires familiales ont cela de curieux, c'est qu'elles se répètent souvent. Ma grand-mère cherchait ses origines, comme l'a fait mon père après elle, et comme je l'ai fait après lui.

Erwan me signifia qu'il avait fini sa lecture.

Nous décidâmes de faire une pause autour d'un café et d'une part de tarte aux prunes que j'avais faite la veille.

Je vis tout de suite qu'il était ému. Aussi, sans nous concerter, nous parlâmes des plantations du jardin, magnifique en cette saison. Il était vital de penser à autre chose, de parler de trivialités qui nous éloignaient du sujet principal. Et cet espace fleuri que j'entretenais avec passion possédait une vertu thérapeutique non négligeable. Il m'apaisait, catalysait mes émotions et opérait toujours sur moi une action positive. Moralement, il éveillait mes sens et m'apportait calme et sérénité, et physiquement, il imposait à mon corps de ne pas rester statique.

Nous pûmes ainsi reprendre notre discussion plus sereinement.

Erwan me confirma l'authenticité des éléments historiques dont s'était souvenu mon père.

— Il avait pris des notes, tu penses ?

— Non, je ne crois pas. Il avait une excellente mémoire. Je le revois imitant le bruit que faisaient les Stukas dès qu'il les entendait arriver puis qu'ils larguaient leurs bombes. J'étais petite à l'époque mais je sentais que cela l'avait vraiment traumatisé. Il avait d'ailleurs le sommeil très agité et ma mère se plaignait des cris qu'il poussait la nuit.

— À l'époque, le syndrome post-traumatique n'était pas encore évoqué, et pour tout le monde le meilleur moyen de continuer à vivre était de ne pas en parler et d'oublier. Idem pour ceux qui sont revenus des camps.

— Tes parents habitaient à Rennes durant la guerre ?

— Non, ils étaient dans le Finistère, sur la côte. Toute la zone a été très vite interdite. Les Allemands avaient besoin de contrôler les infrastructures portuaires qui constituaient un enjeu majeur dans ce conflit. Même dans le reste de la Bretagne l'autorisation de circuler était restreinte. L'histoire de ton père est similaire à ce qu'ont vécu mes parents. Les Allemands qui envahissent leurs villes et leurs campagnes, les pénuries, le rationnement et même le marché noir. Je pense que, quel que soit l'endroit, du moment où on était en zone occupée, tout était compliqué. Eux aussi m'ont dit qu'ils n'avaient pas eu de jeunesse, qu'ils avaient eu faim et qu'ils circulaient parfois la peur au ventre.

— Il y a eu des résistants dans ta famille ?

— Tu sais, dans tous les foyers, il y avait un ou plusieurs membres qui faisaient de la résistance, tout comme il y en avait qui collaboraient avec l'ennemi. C'est la nature humaine. Et la Wehrmacht se vengeait en exécutant des otages qu'elle prenait souvent chez les notables du coin ou alors elle déportait tous ceux qui s'opposaient à eux. Mes grands-parents essayaient de nous approvisionner en nourriture mais c'était compliqué parce que les Allemands prenaient tout ce qu'avaient les paysans pour leurs propres troupes. Ils ont complètement pillé la production agricole, le bois, les conserveries et réquisitionné le bétail de toute la région.

Peut-être que la différence avec d'autres départements a été le rejet très tôt de l'occupant et du régime de Vichy. Même si, et j'ai peine à le dire, certains parmi le mouvement nationaliste breton se sont engagés sur la voie de la collaboration la plus extrême, ralliant totalement les thèses xénophobes et antisémites. Heureusement, ils étaient une minorité.

— Oui, je suppose que c'était le cas dans tous les départements de France.

Ce qui m'a touchée dans le témoignage de mon père est son regard d'enfant sur l'exode. Ça a dû être terrible, j'imagine, la vision de ces cadavres jonchant la route.

— En ce qui concerne l'exode, la Bretagne l'a vécu dans le sens opposé.

— Comment ça ?

— En 40, la région a dû accueillir des milliers, voire des centaines de milliers de réfugiés. Certains voulaient juste quitter leur ville ou leur campagne, d'autres se dirigeaient vers les zones portuaires pour rejoindre l'Angleterre ou l'Afrique du Nord par bateau. La vie économique de la région a été complètement bouleversée par cet afflux de population qu'il fallait nourrir et loger alors qu'eux-mêmes commençaient à souffrir des restrictions.

Mais pour en revenir à ce que tu disais, on n'imagine pas que des jeunes de cet âge puissent côtoyer la mort de cette façon, même si à l'époque elle leur était moins étrangère que pour nos jeunes d'aujourd'hui. L'Ankou faisait souvent sa tournée la nuit !

— Ah oui, la mort qui rôde dans les campagnes !

— L'Ankou n'est pas la mort en elle-même, il en est son messager. C'est lui qui collecte les âmes des défunts. On le représente souvent sous la forme d'un squelette drapé d'un linceul et il tient dans sa main une faux, montée à l'envers. C'est elle qui lui permet de trancher les âmes alors qu'il circule dans sa charrette grinçante.

— Oui, j'ai vu sa représentation dans des églises, avec des variantes parfois.

— La plus grande variante est celle qui concerne les régions du littoral. Le « Karriguel an Ankou » est remplacé par le « Bag nez », le bateau de nuit. Il annonce la mort d'un membre de la famille. Mais même si certains croient encore à ces légendes, la mort n'est plus approchée de la même façon actuellement. La religion n'a plus le monopole de la pensée dans nos campagnes.

***

Quand Erwan reprit sa voiture en fin d'après-midi, je me demandais comment j'allais pouvoir m'endormir ce soir avec toute cette conversation sur le repos éternel et les fantômes de ma famille avec lesquels je vivais en ce moment ! Ronan assistait à une conférence à l'université et il rentrerait tard. Je décidais d'appeler Lise. Célibataire également ce soir-là, elle me proposa de venir, ce que j'acceptais avec enthousiasme.

De retour il y a peu de la Martinique, elle apporta une bouteille de rhum que nous dégustâmes sans beaucoup de modération !

Elle me demanda un résumé de mes recherches. Je lui expliquais que j'étais arrivée au bout de la lecture des documents, à l'exception des carnets noirs de mon père dont je n'avais lu que le premier exemplaire sur les 6 qu'il avait rédigés, ainsi que le dernier cahier de Léonie, datant des années 70 d'après ce que j'avais pu comprendre, mais dont le contenu me paraissait difficilement exploitable. Ce n'étaient que des gribouillis incompréhensibles, des mots raturés, des phrases qui n'avaient aucun sens. La folie avait probablement commencé son travail.

Je lui racontais aussi les maltraitances subies par mon père durant son enfance, puis son adolescence perturbée par la guerre.

— Excuse-moi de te demander cela un peu brutalement, mais tu es sûre de l'exactitude des révélations de ton père ? Le tisonnier, par exemple, cela me semble quasiment improbable de faire cela à un enfant parce qu'il ne se réveille pas assez vite !

— Mon père ne se mettait jamais torse nu. Et puis un jour, on était dans le jardin, il faisait extrêmement chaud et il a voulu changer de T-shirt, ne sachant pas que j'étais derrière lui. Quand j'ai vu les trous dans son dos, je lui ai demandé ce que c'était. Il n'a pas voulu me répondre tout de suite mais m'a raconté l'histoire un peu plus tard. Je me souviens également de son refus de mettre les pieds dans une église. Il ne faisait une exception que pour le mariage de ses neveux ou nièces. Donc pour répondre à ta question, oui la maltraitance a bien eu lieu. Et je dirai même qu'elle est sous-représentée dans ce premier carnet par rapport à ce que j'ai entendu, de sa bouche comme de celle de ses proches.

— Je te demande pardon.

— Non non, ne t'inquiète pas, c'est normal. Mais ces histoires je les ai entendues toute mon enfance et je les avais plus ou moins oubliées, ou du moins mises de côté dans un coin inaccessible de mon cerveau. La lecture du premier carnet a ravivé la douleur que je ressentais alors quand il en parlait.

Je pense que la bouteille de rhum est vraiment la meilleure idée que tu aies eue !

— Elle était vraiment méchante, alors ?

— Je n'ai pas fait d'études de psycho alors je ne pense pas qu'elle soit née « méchante ». Mais sa propre enfance marquée par la violence, les carences affectives et le sentiment d'abandon l'ont forcément détruite. L'arrivée au monde d'un enfant handicapé a été la goutte d'eau. Elle avait tellement besoin de normalité qu'elle l'a rejeté et lui a fait payer sa différence.

— D'après ton père elle aurait voulu construire un foyer heureux mais vu l'échec de ses relations, elle était peut-être davantage dans la destruction, tu ne crois pas ?

— Je ne sais pas. Mais il est vrai qu'avoir une relation affective avec quelqu'un devait être très compliqué. Je ne me souviens pas qu'elle nous ait une seule fois embrassés, mon frère ou moi. Mais je l'ai très peu vue. Mon père avait coupé les ponts avec elle. Je pense que c'est pour ça qu'il a refusé qu'elle soit enterrée dignement. Quel coup du destin d'être finalement sous terre à moins de cinq mètres l'un de l'autre !

— En tous cas, tu as tes réponses, maintenant ! Tu connais son parcours.

— En fait, c'était une femme profondément malheureuse et le destin s'est acharné contre elle. Je t'avais dit qu'elle a fini à l'hôpital psychiatrique ?

— À Armentières, c'est ça ?

— Oui, exact. Quand mon père y est allé lors du décès, un des gardiens lui a raconté cette histoire extraordinaire. Les dernières années de sa vie, avant d'être internée, elle se rendait au marché d'Hellemmes tous les mercredis. Elle connaissait les commerçants et y avait ses habitudes. Elle passait la matinée à se promener d'un étal à l'autre et parlait avec tout le monde. Quand elle a été enfermée au centre psychiatrique, il était hors de question de déroger à son rituel. Alors la veille, elle planquait ses cachets pour avoir toute sa lucidité, attendait que les gardiens aient le dos tourné et se rendait au marché. Elle connaissait le trajet et faisait les 30 kilomètres en bus toutes les semaines. Sauf qu'une fois arrivée l'heure de fermeture du marché, il était hors de question pour elle de rentrer. Alors les commerçants qui la connaissaient appelaient la police, qui la ramenait à Armentières. Cela a duré presque cinq ans. Ils avaient beau l'avoir à l'œil, elle trouvait toujours un gardien sympa ou une porte mal fermée.

— Quelle volonté !

— Oui et c'est ça qui m'impressionnait à l'époque chez elle. Je la voyais peu mais à chaque fois je sentais une détermination, un entêtement à faire ce qu'elle avait décidé, complètement hors du commun, jusqu'à basculer dans la folie. C'était totalement fascinant !

— Et c'est ce qu'elle a fait !

— Oui, elle était devenue paranoïaque à la fin de sa vie. Elle accusait ses voisins de vouloir la tuer. Lesdits voisins appelaient la police, qui appelait mon père, et il fallait la calmer. Impossible de la raisonner. Elle avait réussi à force d'économiser, à s'acheter une toute petite maison à Hellemmes. Mais on ne pouvait pas y rentrer. Elle récupérait tout ce qu'elle trouvait et le rapportait chez elle. Avoir manqué de tout durant sa vie, que ce soit en besoins affectifs ou matériels l'avait conduit à une forme de névrose. Je pense que d'autres à sa place n'auraient pas tenu aussi longtemps. Mais sa volonté farouche d'y parvenir l'a conduite à une forme de démence compliquée à vivre pour l'entourage. À la fin, mon père a craqué et a donné son accord pour l'internement. C'était un sujet tabou à la maison. On n'en parlait pas.

— On sent presque une admiration de ta part. Pourtant elle en a fait voir à ton père !

— Tu as raison, mais en même temps je n'ai jamais vécu avec. C'est son courage et sa volonté qui me fascinaient. Et je crois que mon père n'a jamais cessé de l'aimer. Du moins à sa façon.

Lise prit congé mais auparavant nous avions décidé qu'elle prendrait un taxi pour rentrer. Il était près de minuit quand je regagnais mon lit, incertaine de pouvoir y trouver le sommeil.

Et effectivement, cette nuit-là fut pire que les autres. Les fantômes de mon passé s'étaient concertés pour me faire vivre un enfer. Léonie et ma mère alternaient leur présence démoniaque m'accusant de tous les maux, me reprochant d'avoir causé leur malheur, de les avoir ressuscitées pour mieux les tuer.

L'Ankou rodait dans la maison, sa faux à l'envers comme il se doit. Mais il avait pris le visage de ma mère et tranchait mon âme encore et encore. Méchante ! Méchante ! Criait-Elle ! Toi aussi tu as tué, tu ne vaux pas mieux que les autres !

Je me défendais comme je pouvais, tentais de me libérer des chaînes avec lesquelles elles m'avaient toutes les deux entravées mais n'y arrivais pas. Léonie riait et son rire perçant était insoutenable. C'était davantage une cascade de sons disharmonieux qui me heurtaient les tympans. Les lourdes attaches de métal m'empêchaient de lever les mains et de me boucher les oreilles. Puis j'entendis le bruit d'un avion qui fonçait sur nous. Je vis distinctement le symbole nazi sur son fuselage. Quand il repartit, les morts faisaient un cercle à mes pieds, leurs mains tendues vers le ciel. Mon père sautait d'un cadavre à l'autre en boitant pour tenter de me libérer mais n'arrivait pas à m'atteindre. Je me mis à hurler.

— Ninette, Ninette, réveille-toi !

On me secouait l'épaule.

Quand je parvins à ouvrir les yeux, je vis Ronan penché sur moi. Il avait l'air davantage en colère qu'inquiet. Il attendit quelques secondes puis s'exclama rageusement :

— Je parie que ce sont encore ces maudits documents !

***

Il descendit l'escalier en trombe, prit les carnets de mon père qui étaient sur la table, les mit dans la cheminée et craqua l'allumette avant que je ne puisse faire quoi que ce soit.

Dans sa précipitation, il n'entendit pas la chute.

Chapitre XI

Je restais inconsciente à l'hôpital pendant près d'une semaine. Ou plutôt je passais d'un état de conscience à un sommeil profond qui désorientait les médecins.

Physiquement, je n'avais qu'une entorse au pied droit, et quelques ecchymoses dues à l'escalier que j'avais descendu trop précipitamment. C'est ce qui avait provoqué ma chute. Une simple attelle m'immobilisait la jambe.

Mais mon cerveau me jouait des tours.

Dans les phases de réveil, je reconnaissais Ronan, le seul admis dans ma chambre, mais n'arrivais pas à lui parler tellement j'étais épuisée par les cauchemars qui me poursuivaient sans relâche.

À chaque fois que je fermais les yeux, l'image de mon frère apparaissait, tenant un bébé que je n'arrivais pas à identifier. C'était probablement un de mes neveux ou nièces mais je ne comprenais pas pourquoi cette image me terrifiait. À celle de Thomas se superposait celle de ma mère qui me tendait un couteau à viande avec l'injonction de tuer. Mais tuer qui ou quoi, je ne savais pas, puisqu'à chaque fois elle disparaissait au moment où je me saisissais de l'objet. À cet instant précis, Léonie et son rire d'hyène se manifestaient, puis s'effaçaient. Ces trois éléments tournaient en boucle dans ma tête, toujours dans le même ordre, sans aucune variante. C'était terrifiant. J'étais figée dans cette scène aux sons à chaque fois identiques, aux images en noir et blanc qui me plongeaient dans une angoisse dont je n'arrivais pas à me libérer. Au sortir du rêve, j'étais épuisée, mais ce que je redoutais davantage était de me rendormir. Je m'affaiblissais de jour en jour et j'entendais les médecins proposer à mon mari un internement avec cure de sommeil en service de soins spécialisés.

Mon Dieu, je devenais folle ! Bonne pour l'asile ! J'allais effectivement finir comme ma grand-mère, enfermée dans un hôpital psychiatrique, à me battre avec des démons imaginaires, à voir le mal partout autour de moi.

Je devais utiliser les forces qui me restaient pour l'éviter. Je savais que la solution était en moi, qu'elle était liée à mon passé et que je pouvais m'en sortir. Mais je ne savais pas encore comment.

Ronan tentait de m'apaiser de son mieux. Lui non plus ne comprenait pas ce qui m'arrivait. Je n'osais lui révéler l'origine de mon désarroi et lui raconter les moments terrifiants que je vivais à chaque fois. Comment lui décrire ces images qui revenaient encore et encore dès que je m'assoupissais ? Je ne savais pas comment m'en sortir. La vision de ma mère me menaçant d'un couteau me hantait. Qu'avais-je fait pour la mettre dans cet état ?

Le lendemain matin, alors qu'il se tenait à mon chevet, je pris subitement une décision.

— Est-ce que tu veux bien appeler Thomas ?

— Ton frère ?

Je savais que la demande lui paraîtrait inattendue, voire incongrue. Thomas et moi nous parlions à peine mais sans savoir vraiment pourquoi, je pressentais qu'il était la clé de l'énigme.

— Oui s'il te plaît. Et demande-lui de venir. Le plus vite possible.

Ronan obtempéra et mon frère arriva le lendemain. Quand je le vis passer le seuil de ma chambre, il était tellement différent par rapport à mes cauchemars que je fus surprise quelques instants, le temps de réaliser que 40 ans séparaient mes rêves du temps présent. J'étais maintenant persuadée qu'un événement avait eu lieu à cette époque dont Thomas avait été témoin et qui d'une façon étrange me reliait à Léonie. Quelque chose de suffisamment traumatisant pour que ma mémoire en rejette le souvenir.

Ronan partit à l'Université et nous laissa seuls.

J'étais à bout de force et décidais de ne pas perdre de temps.

— Thomas, j'ai besoin de toi.

— C'est ce que j'ai cru comprendre. De plus, ton mari ne m'a pas vraiment laissé le choix ! Il est très inquiet à ton sujet.

J'esquissais un léger sourire. Oui, mon époux pouvait être très persuasif quand il le voulait.

Puis j'expliquais à mon frère ce qui m'arrivait. Ces cauchemars, toujours les mêmes, qui hantaient mon corps et mon esprit inlassablement et me laissaient à chaque fois plus faible. J'étais maintenant totalement exténuée. Je lui décrivais ce que je voyais, sans réaliser qu'au fur et à mesure que je m'exprimais mon visage s'inondait de larmes. C'est quand je sentis le contact de mes pleurs sur ma chemise de nuit que je pris conscience de l'état dans lequel je me trouvais.

Thomas m'écouta sans rien dire. Il me tenait gentiment la main. Quand j'eus fini, il se leva, chercha un gant de toilette dans la salle de bain, me rafraîchit gentiment les yeux et les joues, et m'essuya comme si j'étais une enfant qui avait besoin d'être consolée. Il ne disait pas un mot. Puis il se leva et me regarda droit dans les yeux.

— Tu ne te souviens de rien ?

— Comment ça ?

— Petite sœur, j'ai besoin de savoir. Sois sincère avec moi, ne me mens pas.

— Mais qu'est-ce que tu racontes !

— Tu te souviens de ton départ en Australie ?

— Oui, bien sûr. Je n'en pouvais plus de vivre avec les parents, ils m'étouffaient. C'est pour ça que je suis partie si loin dès la fin de ma licence.

— Et juste avant. Que s'est-il passé juste avant ton départ ?

— Je ne sais pas, c'est comme un trou noir. Écoute, Thomas, je ne comprends pas. Explique-moi, je t'en prie, je ne joue pas avec toi, je te le promets, je suis à bout de force.

Alors mon frère me raconta ce que mon cerveau avait décidé de mettre de côté.

À 20 ans, j'étais tombée enceinte. Ce n'était qu'un coup d'un soir, une rencontre de deux corps qui avaient un peu trop forcé sur l'alcool et décidé de prolonger le plaisir, sans prendre de précaution, dans un état presque second. Je ne me souvenais même plus de son nom. Au bout de quelques semaines, Elle s'en aperçut avant moi. Je niais en bloc, c'était impossible, je ne me souvenais même pas avoir couché avec un garçon. Puis il fallut me rendre à l'évidence. Je décidais donc d'avorter. Nous eûmes une terrible dispute durant laquelle Elle m'accusa d'être une meurtrière, d'assassiner son petit enfant, brandit un couteau au-dessus de ma tête et me hurla de ne plus jamais mettre les pieds à la maison si je prenais cette décision.

Mon frère était à l'époque la seule personne vers qui je pouvais me tourner. Je l'appelais, lui racontais ce qui venait de se passer avec ma mère et lui demandais de l'aide. Les délais légaux étaient déjà largement passés. J'avais fait un déni de grossesse et lorsque le médecin m'annonça que j'avais déjà passé le 6e mois, j'eus toutes les peines du monde à le croire, tant je n'avais pas vu de changement dans mon corps.

Je n'avais plus trop le choix.

Thomas habitait Angers à l'époque. Sa petite amie était assistante sociale mais ils ne vivaient pas ensemble. Il me proposa de m'héberger jusqu'à la naissance de l'enfant et j'acceptais. Après de longues discussions, je pris la décision de ne pas le garder après l'accouchement. J'estimais que je n'étais pas apte à élever un être non désiré, qui arrivait dans ma vie à un moment où je projetais mon avenir sans lui, dans un pays lointain. Je me disais qu'il ferait le bonheur d'une autre famille, qui l'accueillerait avec amour ce dont je me sentais totalement incapable de faire. Mais rien ne se passa comme prévu.

Quelques jours plus tard, les premières contractions arrivèrent un matin sans prévenir. Des douleurs énormes qui vous clouent sur place. Je n'osais plus bouger. Je décidais d'attendre Thomas, allongée sur le canapé. Quand il arriva en fin d'après-midi, il comprit tout de suite et m'emmena aux urgences. Le travail était déjà bien entamé. Trois heures plus tard, je mis au monde un enfant prématuré mais en bonne santé. On me dit que c'était une fille et la sage-femme la posa sur moi quelques secondes, puis la prit pour faire les premiers soins. Elle devait rester quelque temps en couveuse pour ne pas se refroidir mais pour le reste elle était autonome, me dit-on. Je n'avais même pas eu le temps de la voir.

Mon frère vint me rendre visite et comme je me sentais suffisamment bien, nous décidâmes de passer par le service néo-nat. Je voulais lui dire au revoir. Arrivée sur place, je ne pus retenir un cri. Un visage rond, de petits yeux en amande, elle présentait les caractéristiques d'une enfant trisomique. L'infirmière me le confirma.

— On attend la visite du pédiatre, mais d'après notre expérience, elle est effectivement atteinte du syndrome de Down.

Dix jours plus tard, j'étais comme prévu dans l'avion pour l'Australie. Et j'effaçais l'événement de ma mémoire.

Je revins en France au bout de trois ans. Je partageais mon temps entre le boulot et les fêtes entre amis, souvent bien arrosées et parfois davantage. J'appris à nier les souvenirs de cet épisode de ma vie jusqu'à les occulter intégralement.

Il avait fallu que j'entreprenne des recherches sur mes aïeuls pour que le passé ressurgisse.

Au fur et à mesure que Thomas racontait les faits d'il y a maintenant près de 40 ans, ils refaisaient surface dans ma mémoire. Curieusement, cela se passait en douceur. Mon frère parlait calmement, sans jugement.

Quand il eût fini, nous restâmes un moment sans parler. Puis il m'aida à me redresser dans mon lit et je pris enfin la parole.

— Tu sais ce qu'elle est devenue ?

— Ces dossiers sont confidentiels. Normalement, on ne peut pas avoir d'information.

Je le regardais fixement. Je sentais qu'il ne m'avait pas tout dit.

— « Normalement » ? Ça veut dire quoi ?

— À l'époque, c'était totalement impensable de révéler quoi que ce soit. Mais les choses changent.

— Qu'est-ce que tu veux me dire, Thomas ?

— Tu te souviens de la fille avec qui je sortais à ce moment-là ?

— Oui, Nadine. Elle était assistante sociale, je crois.

— Eh bien, justement, c'est elle qui a géré le dossier. La petite a été adoptée par un couple venu de Morlaix. J'ai suivi ça de loin. Je voulais juste savoir que tout se passait bien pour elle.

— Et ? Tu as encore des nouvelles ?

Je ne savais pas pourquoi mais j'avais hâte d'en savoir davantage. Si elle était encore en vie, où elle vivait, ce qu'elle faisait, même si je n'avais aucunement l'intention de la voir.

— Ses parents adoptifs sont décédés il y a peu. Elle travaille chez une fleuriste à Morlaix et habite dans un foyer avec d'autres personnes comme elle.

— Comment tu sais ça ?

— Je te l'ai dit, j'ai pu suivre le dossier de loin. Quand j'ai su où elle allait, j'ai demandé à Paul, un de mes meilleurs amis qui travaille dans cette ville, de garder un œil sur elle et de me tenir au courant.

— Et pourquoi tu ne m'as jamais rien dit ?

— J'ai pensé que tu avais volontairement décidé de mettre tout ça de côté. Et comme on ne se voyait qu'une fois par an, ce n'était pas à moi d'aborder le sujet.

— Tu as raison, je te demande pardon.

Nous restâmes un moment encore sans parler. Puis il me demanda si je voulais rester un peu seule et j'acquiesçais. Il parut soulagé et me dit qu'il avait besoin de prendre l'air !

Quand il revint, je lui posais la question qui me taraudait depuis longtemps.

— À ton avis, pourquoi Elle était tellement méchante avec moi ? Pourquoi m'en voulait-elle à ce point ?

Thomas prit un moment pour réfléchir. Il s'assit au bord de mon lit puis me prit la main.

— Je crois qu'elle était simplement malheureuse. Elle avait cru au conte de fées mais notre père ne s'est pas avéré être le prince charmant qu'elle imaginait.

— Tu crois qu'ils se sont aimés ?

— Oui, je crois. Au début du moins. Mais la boisson n'a pas arrangé les choses. Je m'en veux de ne pas t'avoir protégée comme j'aurais dû le faire. Je ne me rendais pas compte à quel point elle devenait méchante avec toi. C'est curieux, elle est devenue comme sa belle-mère, qu'elle détestait tant !

Un léger coup à ma porte de chambre et le médecin entra. C'était le psychiatre que j'avais déjà consulté. Thomas lui résuma la situation et le praticien eut un sourire de satisfaction. Il nous expliqua comment certains événements pouvaient provoquer un choc traumatique tellement intense que notre cerveau les effaçait de la mémoire. Mais ils sont toujours présents, embusqués quelque part, ajouta-t-il, et même si j'avais avancé sur le chemin de la guérison, j'avais encore du chemin à parcourir.

— Je ne vais pas vous lâcher comme ça, rassurez-vous ! Nous avons encore du travail tous les deux. Maintenant, vous devriez vous reposer.

Je me sentais étonnamment bien. Je savais que je pouvais à présent fermer les yeux et que les cauchemars ne reviendraient pas. Je n'étais pas folle ! Je n'étais pas Méchante ! Ma grand-mère et moi étions deux êtres différents. Il restait encore quelques zones d'ombre dans ma tête que je devais éclaircir mais je devinais que les souvenirs manquants ressurgiraient peu à peu. Je n'avais plus peur de les appréhender.

Maintenant, il me fallait parler à Ronan.

***

À peine le seuil de la boutique franchi, je la reconnus aussitôt.

Ce n'était pas à cause du handicap. Mais parmi toutes les couleurs des fleurs environnantes, une superbe tignasse rousse flamboyait derrière le comptoir. Des yeux verts en amande complétaient ce Rubens peu ordinaire.

— Je peux vous aider ?

Je n'arrivais pas à articuler un son. Ronan vint à mon secours.

— Un bouquet de roses rouges mademoiselle s'il vous plaît.

La jeune femme se dirigea vers les fleurs et les posa une à une délicatement sur ses avant-bras.

— Combien ?

— Neuf s'il vous plaît.

Puis elle ajouta des fougères, quelques brins de gypsophile et posa le tout sur le plan de travail. L'emballage fut un peu plus complexe à exécuter. La patronne voulut lui venir en aide mais Ronan lui fit discrètement signe de ne pas intervenir. Nous avions tout notre temps. J'essayais de ne pas la fixer du regard mais j'avais de la peine à détacher mes yeux de ce joli visage, qui me paraissait si familier.

Pendant que Ronan réglait son achat, je regardais le prénom sur son badge.

Léonie.

Je manquais de défaillir et dus m'appuyer sur le bras de mon conjoint.

— J'aime beaucoup votre prénom Mademoiselle.

— Moi aussi, me dit-elle avec son plus beau sourire.

Imprimé en Allemagne
Achevé d'imprimer en janvier 2024
Dépôt légal : janvier 2024

Pour

Le Lys Bleu Éditions
40, rue du Louvre
75001 Paris